LE

CIMETIÈRE D'HERPES

Extrait du *Bulletin et Mémoires* de la Société archéologique et historique
de la Charente, sixième série, tome Ier (années 1890-1891)

SOCIÉTÉ ARCHÉOLOGIQUE ET HISTORIQUE DE LA CHARENTE

LE CIMETIÈRE D'HERPES

(FOUILLES ET COLLECTION PH. DELAMAIN)

A ANGOULÊME

CHEZ L. COQUEMARD
LIBRAIRE DE LA SOCIÉTÉ ARCHÉOLOGIQUE ET HISTORIQUE DE LA CHARENTE
Rue du Marché, n° 9

M DCCC XCII

Angoulême, Imprimerie Charentaise de G. Chasseignac.
rempart Desaix, 25.

LES
SÉPULTURES BARBARES

D'HERPES

PAR

M. PHILIPPE DELAMAIN

En janvier 1886, deux cultivateurs du village d'Herpes, commune de Courbillac, canton de Rouillac (Charente), m'apportèrent des objets qu'ils venaient de découvrir en nivelant un champ de luzerne. Ces objets consistaient en perles de verre, haches de forme bizarre et agrafes d'argent et de bronze. L'agrafe portant le n° 83, sur la planche XIII, faisait partie de cette première trouvaille.

Ces différents objets me frappèrent par leur similitude avec des objets de même nature trouvés à Marchélepot (Somme), et dont la *Revue archéologique* (1886, t. VII, p. 96) venait de donner des dessins. J'écrivis de suite à M. Lièvre, alors président de la Société archéologique de la Charente, et à M. Bertrand, directeur du Musée de Saint-Germain-en-Laye. Ils m'assurèrent que mes suppositions étaient fondées et que les bijoux, armes et ustensiles trouvés à Herpes, appartenaient à la bonne époque de l'art mérovingien. Ils m'engagèrent vivement à faire des fouilles dans les champs où avaient été trouvés ces objets et à noter soigneusement les conditions dans lesquelles les découvertes auraient lieu.

Je me rendis donc acquéreur d'une parcelle de terrain voisine de celle où avaient eu lieu les premières découvertes, achetai le droit de fouille à mes voisins et entrepris des fouilles méthodiques dans ce que je puis appeler maintenant le cimetière d'Herpes. Actuellement, j'ai exploré la presque totalité du terrain supposé devoir contenir des sépultures. et j'ai fait fouiller à fond environ 900 tombes. J'y ai trouvé plusieurs centaines d'objets de toute nature, armes, bijoux, vases en terre et en verre et perles de toutes formes.

Je dois déclarer ici que j'ai été activement et utilement secondé dans cette tâche par Lucien Marrot, d'Herpes, mon fidèle *fouilleur*, qui a fait à lui seul ce travail minutieux, et aux soins et à l'intelligence duquel je dois d'avoir pu obtenir intacts une foule d'objets fragiles que des mains maladroites ou brusques auraient tirés de terre brisés ou détériorés. Il m'a été du plus grand secours pendant toute la durée de ces fouilles, et il est juste de lui en laisser le mérite.

Nous annexons à la présente notice un plan des terrains fouillés, relevé sur le cadastre des communes de Courbillac et d'Herpes, réunies sous le règne du roi Louis-Philippe en une seule commune, qui donnera une idée exacte de la topographie de cet antique cimetière.

EMPLACEMENT DU CIMETIÈRE.

Un chemin romain, pavé et bétonné, avec fossé de chaque côté, traversait le cimetière dans toute sa longueur, et les tombes étaient placées à droite et à gauche de cette route, sur un espace de 350 à 400 mètres de longueur sur 15 ou 20 de largeur. Ce chemin devait sans doute rejoindre la grande voie romaine de Saintes à Limoges, qui passe à trois kilomètres au sud du cimetière, et la couper à angle droit se dirigeant sur Jarnac. Au nord, ce chemin va droit à Beauvais-sous-Matha ; on le rencontre encore au lieu dit Les Brousses et exactement dans la direction de Beauvais.

MODE DE SÉPULTURE.

Le mode de sépulture est absolument uniforme : après une couche de terre végétale, qui varie entre 2 mètres et 0ᵐ 75 d'épaisseur, se trouve une sorte de marne grise, très compacte et dure ; c'est dans cette marne crayeuse, à des profondeurs très variables, que sont creusées les tombes.

Aucune bière n'a été employée. Les corps, enveloppés dans une étoffe grossière, dont j'ai souvent trouvé des fragments adhérents encore aux agrafes qui servaient à l'attacher, ont été déposés dans ces sortes d'auges creusées dans la marne, puis recouverts de terre. Presque toujours, à l'extrémité de la tombe se trouve une grosse pierre posée de champ qui sert de chevet au cadavre.

Parfois la fosse entière est entourée de pierres posées de champ. L'orientation est rigoureusement observée : toujours les pieds sont à l'est et la tête à l'ouest.

Presque toujours, soit à droite, soit à gauche, se rencontre un vase de terre ou de verre ; deux ou trois fois le vase était aux pieds. C'est la très rare exception.

Plusieurs fois nous avons vu des enfants inhumés exactement au-dessus de leur mère.

Il est très facile de reconnaître les sexes des corps ensevelis ; d'abord, les hommes et les enfants n'ont jamais de bijoux ni d'ornements, tandis que les femmes ont toujours des bijoux plus ou moins ornés ensevelis avec elles : perles, agrafes, bagues et boucles d'oreilles. Ensuite (et je laisse cette remarque à l'appréciation des savants spécialistes), Marrot m'a affirmé qu'il ne s'y trompait jamais et que l'arête du tibia des femmes était beaucoup plus vive et plus coupante que celle du tibia des hommes. J'ai mainte fois vérifié le fait, et je dois dire que jamais il ne s'est trompé. Ses prévisions, basées sur la forme du tibia, ont toujours été justes.

A part deux ou trois hommes de taille réellement extraordinaire ($1^m 90$, $1^m 93$), les squelettes sont de dimension moyenne et ne dépassent pas la taille humaine actuelle. La forme des crânes est normale. Les dents sont très petites et fines et sont remarquablement belles et saines. La position du cadavre varie très peu : les jambes allongées, les bras placés parallèlement au corps ou les mains croisées sur le pubis, la tête légèrement inclinée soit à droite, soit à gauche. L'espace qui séparait les sépultures les unes des autres n'était quelquefois que de 40 à 50 centimètres.

LES SÉPULTURES D'HOMMES.

Les hommes portent presque toujours à la ceinture une grosse boucle de fer, de bronze ou d'argent. Cette boucle soutenait certainement une ceinture de cuir, qui supportait elle-même un et presque toujours deux couteaux ou poignards, dont on retrouve les lames à la hauteur de la hanche gauche ; les lames varient entre $0^m 40$ et $0^m 25$; elles étaient enfermées dans une forte gaîne en bois et en cuir dont on retrouve encore les traces ; elles sont toujours à un seul tranchant et à poignée de bois dur encore très visible.

A droite est placée souvent soit une lance ou javelot de $0^m 20$ à $0^m 75$ de longueur, la douille comprise (ces lances à deux tranchants, très pointues, sont en fer), soit une hache.

LES ARMES.

La hache. — Il y avait à Herpes quatre formes de haches : la première
(n° 1 des planches) est la francisque classique, exactement semblable à la hache
trouvée à Tournay, dans le tombeau de Childéric, et à celles décrites par l'abbé
Cochet dans son ouvrage sur cette sépulture historique (abbé Cochet, *Tombeau
de Childéric Ier*, p. 119 et suivantes); le n° 2, plus massif et à plus grand
tranchant; le n° 3 et le n° 4, à tranchant en croissant tronqué aux deux extrémités, le côté opposé au tranchant formant marteau.

Ces quatre formes de haches sont, du reste, absolument identiques aux
armes de même nature figurées dans les ouvrages de l'abbé Cochet et dans
ceux de H. Baudot.

Ces haches étaient disposées à la droite des squelettes, à la hauteur du
genou, et il est vraisemblable que le manche en bois, dont toute trace avait
disparu, était placé dans la main du guerrier mort. Ces haches, ainsi que les
armes portant sur les planches les numéros chiffrés de 1 à 12, sont reproduites
exactement à *moitié* de leur grandeur réelle.

La lance. — La lance se trouvait soit seule, soit avec la hache. Les n°ˢ 5, 6
et 9 en donnent la forme, qui, du reste, varie peu; la douille est plus ou moins
longue, le fer plus ou moins pointu, mais l'arme est toujours la même. Elle était
aussi placée à droite, tantôt la pointe à la hauteur de la tête, tantôt presque aux
pieds, selon que l'arme avait été placée le fer en haut ou en bas dans la tombe
du guerrier. Nous trouvons la même position dans les sépultures décrites par
l'abbé Cochet (*Tombeau de Childéric Ier*, p. 130 et suivantes).

Les couteaux. — Si les haches et les lances sont relativement peu communes
dans les sépultures barbares d'Herpes, les couteaux sont excessivement répandus;
toutes les tombes masculines en ont. Comme je l'ai dit plus haut, ces couteaux
sont à un seul tranchant; quelques-uns, vu leur petitesse, peuvent n'avoir été que
des ustensiles; d'autres, qui portent encore des traces de gaines en cuir, étaient
de véritables poignards (n°ˢ 8 et 11), et d'autres, enfin, représentent de véritables
scramasaxes. Nous trouvons des armes absolument identiques décrites dans
l'ouvrage de l'abbé Cochet (*Sépultures franques et normandes*, p. 147, 149 et
passim), ainsi que dans Baudot (pl. i et ii). Le couteau n° 12 est un des plus
petits qui aient été trouvés à Herpes.

Ces couteaux étaient très souvent par paires, un grand et un petit; suspendus
par des courroies à la ceinture, ils étaient toujours à la hauteur de la hanche

gauche des squelettes; les boucles qui servaient à les supporter varient à l'infini de forme, de taille et de matière.

La forme la plus répandue est celle affectée par les boucles n°s 27, 29 et 32; les boucles n°s 21, 24 et 26 se rencontrent moins souvent; les plaques 13, 14 et 15 sont plus rares encore à Herpes. Enfin, les plus rares de toutes sont celles en fer damasquiné d'argent et d'or et ornées de grenats (n°s 16, 17 et 19), dont l'oxydation a malheureusement détruit en grande partie la beauté.

Il aurait été trop long de reproduire toutes les formes des boucles; il suffira de dire que la taille varie de 1 centimètre à 8 et 10 centimètres et que beaucoup sont en argent et en bronze finement ciselé, et souvent ornées d'émaux aux vives couleurs et de grenats et verres de couleur. Les planches VII, VIII, IX et X de l'ouvrage de Baudot reproduisent des boucles absolument semblables à celles trouvées à Herpes par centaines.

Le mobilier des sépultures masculines comprend encore des quantités de boutons de métal et de clous en bronze et en argent d'une étonnante variété, qui servaient à fixer les courroies de cuir les unes aux autres; ces clous, qui ont à leur base un tenon percé d'un trou et souvent deux tenons, se trouvent dans toutes les sépultures des guerriers, dont ils consolidaient et ornaient les ceinturons.

Les boutons, en métal ciselé ou cloisonné et semé de grenats et de verroteries, sont aussi nombreux dans les sépultures des guerriers; ils ornaient très vraisemblablement le cuir du baudrier et du ceinturon. Dans son ouvrage sur le tombeau de Childéric, pages 195, 230 et 280, l'abbé Cochet a fait dessiner des boutons, des clous et des fibules rondes exactement semblables à ceux d'Herpes. H. Baudot (pl. X et XI) en donne aussi de semblables. Les boutons trouvés à Herpes sont figurés planche VIII, sous les n°s 34, 35, 36, 37, 38, 44, 45, 46 et 47.

Dans les sépultures masculines, nous trouvons encore à Herpes de grosses et fortes aiguilles de bronze, tantôt toutes droites, tantôt légèrement courbes. Ces aiguilles sont très pointues et sont percées d'un trou rond ou oblong à la tête; les plus fortes ont 8 à 9 centimètres de long et un diamètre de 2 millimètres; elles sont généralement ornées de stries à la tête et au milieu. Nous ignorons quel pouvait être leur usage, mais elles faisaient certainement partie des ustensiles des guerriers.

Les fers à cheval ont été aussi trouvés dans les tombes d'hommes à Herpes, mais ils sont rares; je n'en possède que quatre. Ils sont très ordinaires de forme et se rapprochent beaucoup de nos fers à cheval modernes.

Une tombe d'homme nous a donné un bijou assez remarquable; c'est un petit fer à cheval en argent, à planche, parfaitement fait et percé de ses trous. Ce bijou figure dans les planches sous le n° 11.

Nous n'avons pas trouvé de mors intact, mais seulement des fragments et des boucles de mors en fer.

Une seule fois nous avons trouvé le bizarre sabot de cheval en fer décrit par l'abbé Cochet dans le *Tombeau de Childéric*, pages 152, 153, et étudié à fond par M. J. Quicherat dans son opuscule : *La Question du ferrage des chevaux en Gaule*, et appelé par lui hipposandale. L'hipposandale d'Herpes est exactement semblable aux figures données par les deux auteurs précités.

Pour en terminer avec les sépultures masculines d'Herpes, il nous reste à parler des globes de cristal taillé trouvés deux fois seulement et figurés sur nos planches sous les n°ˢ 107 et 108.

Ces globes ne portaient, à Herpes, aucune garniture, ou du moins la garniture avait disparu; ils étaient placés vers le cou. Nous ne pouvons que mentionner leur découverte sans chercher quel pouvait être leur usage. Des globes similaires sont décrits dans le *Tombeau de Childéric*, de l'abbé Cochet, pages 299 à 307.

Des vases et des verres de différentes formes se trouvaient aussi dans ces sépultures. Nous en reparlerons plus loin.

Je mentionne que je n'ai trouvé à Herpes ni boucliers, ni angons, ni grandes épées.

Les tombes renfermaient des monnaies, parfois percées pour être suspendues, parfois placées dans la bouche, assez souvent à la hauteur de la ceinture, comme si elles avaient été mises dans une bourse en cuir dont toute trace avait disparu.

SÉPULTURES FÉMININES.

Le mobilier des sépultures des femmes est infiniment plus riche et plus varié. Si les bijoux sont rares dans les tombes d'hommes et se réduisent à des ornements se rattachant à l'équipement guerrier, il en est tout autrement des femmes. On semble avoir enseveli avec elles leurs plus belles parures et aussi les objets auxquels elles attachaient une valeur ou un intérêt d'habitude journalière.

Aux pieds, aux chevilles, on trouve des boucles minuscules en argent et en bronze, qui feraient supposer que les dames avaient les pieds entourés de bandelettes d'étoffe ou de fines courroies de cuir que ces petites boucles servaient à fixer; aux genoux, on trouve souvent des débris de chaînettes en bronze ou en laiton auxquelles étaient suspendus des ciseaux (n° 7 des planches), des cure-dents, des cure-oreilles en bronze et en argent, et surtout énormément de pinces à épiler (n° 31). Nous ne donnons qu'une figure de ces pinces, mais la forme varie beaucoup, et presque toutes les dames en portaient. Enfin, ces chaînettes soutenaient nombre de petits instruments d'un usage intime qui étaient suspendus à droite, à la ceinture, et pendaient jusqu'aux genoux, comme ce que nos dames appellent maintenant une ménagère ou une châtelaine.

L'abbé Cochet, dans son ouvrage sur les sépultures franques et normandes, pages 115 à 119, a fort exactement décrit et figuré ces curieux petits objets, que nous avons retrouvés à Herpes absolument semblables.

Aux mains, qui sont ou placées à droite et à gauche du corps ou croisées sur le ventre, nous trouvons les bagues auxquelles nous avons consacré deux planches entières (n° 9 et 10) et dont M. Deloche, de l'Institut, a donné ci-après une savante description. Il nous reste à ajouter qu'un très grand nombre de ces bagues a été brisé; elles étaient en argent et d'un métal si fragile et souvent si mince qu'en voulant les nettoyer elles tombaient en poussière; d'autres ne sont qu'un simple anneau ou ruban de bronze auquel, quelquefois, est soudé un petit bronze impérial romain formant chaton. C'étaient les bagues des femmes pauvres. Ces monnaies romaines sont presque toujours des Tétricus, des Postumus, des Galliénus et des Constantin. Presque toujours la bague se portait à la main droite, le contraire est l'exception; parfois, mais rarement, il y avait deux ou trois bagues à la même main et de plus au même doigt.

Les bagues en or sont la très grande rareté. Sur 900 tombes environ, je n'ai trouvé que cinq bagues en or; toutes les cinq sont figurées sur la première planche des bagues.

Aux bras, nous trouvons les bracelets — les bracelets en métal sont rares à Herpes; — je n'en ai trouvé que cinq, tous en argent; trois d'entre eux sont figurés sous les n°s 69, 70 et 71, pl. XI; les deux autres sont semblables.

Les bracelets, composés de perles de toutes formes et de toutes matières, étaient beaucoup plus communs : les perles sont le plus souvent en verre et en émail, tantôt rondes, tantôt carrées, tantôt oblongues, souvent en pâte de verre opaque et même noir, ornée d'incrustation de pâte de verre d'une couleur différente; ces perles sont figurées dans nos planches sous les n°s 72 à 82, pl. XII. Quelquefois la matière employée est l'ambre rouge du Nord; mais ces perles d'ambre sont rendues très fragiles par leur long séjour dans la terre, et quoiqu'elles soient très communes, il est assez difficile de les trouver intactes; j'en possède cependant des colliers et des bracelets bien complets.

Les sépultures barbares trouvées en Normandie et à Charnay, en Bourgogne, renfermaient des perles absolument semblables (Baudot, pl. xvi, et l'abbé Cochet, pages 64, 65 et *passim*).

La portion du corps comprise entre la ceinture et le cou est de beaucoup la plus riche en bijoux; c'est là, en effet, que nous trouvons les agrafes de toutes formes et de toutes dimensions qui retenaient et ornaient les étoffes dont les cadavres étaient revêtus. Ces agrafes, à Herpes, n'étaient jamais affrontées; elles étaient presque toujours par paires et placées les unes au-dessus des autres sur la poitrine; il y en a souvent quatre sur une seule personne, deux petites et deux grandes, presque toujours deux, et quand on n'en trouve qu'une, c'est très probablement parce que l'autre a été détruite par l'oxydation.

Ces agrafes, épinglettes et fibules, sont certainement les bijoux qui offrent le plus d'intérêt dans nos fouilles, car nous avons trouvé à Herpes des agrafes de presque tous les modèles connus en Europe et même en Asie.

Nous avons, en effet, à Herpes les fibules de Crimée et du Caucase, telles qu'elles sont décrites et figurées dans l'ouvrage de M. le baron de Baye sur l'art chez les Barbares (l'*Anthropologie*, 1890, t. I, n° 4, p. 1 à 16); numéros de nos figures : 20, 22 et 25, pl. vi. Celles décrites et figurées par le même savant auteur dans son ouvrage : l'*Industrie anglo-saxonne*, fibules à têtes carrées, pages 53 à 57 et pl. iii, qui se rapprochent d'une façon étonnante des nôtres, portant les n°ˢ 83, 87 et 89, pl. xiii et xiv. Celles décrites et figurées par le même auteur dans l'*Industrie longobarde*, pages 40 à 45 et pl. v. Enfin, celles décrites et figurées par J. Pilloy (*Sépultures dans l'Aisne*), H. Baudot (*Sépultures de Bourgogne*), l'abbé Cochet (la *Normandie souterraine*, le *Tombeau de Childéric*, etc.), qui figurent sur nos planches sous les n°ˢ 84, 85, 86, 91, 92 et 93.

M. le baron J. de Baye a, du reste, dans un travail qui accompagne cette notice, étudié cette question d'étonnante similitude, avec la science et l'autorité qui lui sont propres.

Quelle que soit à cet égard l'opinion des savants, il n'en reste pas moins absolument étonnant de trouver à des centaines et des milliers de lieues de distance des bijoux que l'on pourrait croire sortis du même atelier et même de la main du même ouvrier, et de rencontrer à Herpes des modèles de fibules exactement semblables à celles que l'on trouve au Caucase, en Italie, en Angleterre, en Scandinavie et dans toute la France du Nord; et ce que nous disons ici à propos des fibules, qui forment le groupe le plus nombreux des objets trouvés à Herpes, nous pouvons le dire des armes, des bagues, des boucles d'oreilles, des perles de toute nature et de toute dimension, des poteries, des verres de toute sorte. En somme, nous pouvons dire que la collection d'Herpes comprend des échantillons de tout ce qui fut l'art des Barbares.

A côté de la grande fibule, soit à tête carrée, soit digitée ou à rayons, soit à tête semi-circulaire pleine, nous avons deux sortes de petites fibules qui accompagnent très souvent les grandes; ce sont les petites fibules à têtes d'oiseaux rangées en cercle par trois ou quatre têtes, les fibules pleines et rondes, et enfin les petites fibules en forme de perroquet ou d'oiseau, de cheval ou de salamandre (nos 42, 43, 48, pl. viii, et 94 à 104, pl. xv).

Une seule fois nous avons trouvé la fibule en forme de poisson (n° 90, pl. xiv), qui, du reste, est fort rare. Baudot n'en figure qu'une (pl. xiii, fig. 8), et je n'en trouve pas de description dans les autres ouvrages que je possède.

Ces petites fibules, presque toujours par paires, se trouvaient à Herpes, un peu plus haut que les grandes, vers le cou; un grand nombre d'entre elles, très minces, ont été détruites par l'oxydation.

De même que les grandes, elles sont ornées de grenats, soit en cabochon, soit lapidés à plat, parfois de cabochons et de plaques de grenat sur le même bijou, comme la fibule carrée n° 39 de nos planches, qui est la seule de ce genre que nous possédions.

Nous n'en avons trouvé aucune en or; presque toutes sont en argent, quelques-unes seulement en bronze doré; très souvent l'argent a été fortement doré, et si solidement que la couche d'or est encore très visible. Très souvent aussi elles ont été finement émaillées d'émail noir, qui forme sur l'argent de fort jolis petits dessins; très souvent, enfin, cet émail a presque entièrement disparu, et il n'en reste que des traces (nos 84, 86, pl. xiii; 91 et 93, pl. xiv).

L'aiguille a aussi, presque toujours, été rongée par l'oxydation, et il est rare que son ressort soit intact.

Bien souvent des fragments d'étoffe conservés par l'oxydation sont encore adhérents à la surface interne des fibules. Cette étoffe semble être de la toile assez fine quelquefois, quelquefois très grossière.

Les colliers. — Immédiatement au-dessus de l'agrafe, nous trouvons le collier. Un grand nombre de femmes sont pourvues de cet ornement. Nous n'en avons jamais trouvé en métal; tous sont ou en perles de terre cuite émaillée, de pâte de verre de diverses couleurs, ou en perles d'ambre rouge. Le plus souvent ces colliers sont composés de petites perles enfilées, comme le montre la planche XII; quelquefois une grosse perle de verre émaillé ou d'ambre est seule suspendue sur la poitrine (pl. XVI, n°s 109 à 118). Une seule fois nous avons trouvé une énorme perle en pâte de verre émaillé, suspendue par une bélière d'argent (pl. V, fig. 18).

Ces colliers sont identiques à ceux trouvés en Bourgogne, dans l'Aisne et en Normandie (voyez Baudot, pl. XVI; l'abbé Cochet, *Tombeau de Childéric*, p. 314 et 315).

A la tête nous avons les boucles d'oreilles, figurées planche XI. Il existe à Herpes cinq modèles différents; le plus commun (n° 68) consiste en un fil d'argent ou de bronze tordu et soutenant une perle en ambre, en verre ou en terre cuite ornée. Ce fil était quelquefois très distendu et laissait pendre la perle assez bas, d'autres fois il retenait la perle tout près de l'oreille.

La seconde forme est celle du n° 66. Il consiste en une boule de métal, argent ou bronze, taillée à facettes, formant le bouton de la boucle d'oreille et suspendu par une tige du même métal non soudée au bouton de l'autre côté, ce qui fait que la boucle pouvait se mettre ou s'ôter à volonté. Cette sorte est également commune; nous en avons trouvé de toutes les dimensions, depuis 1 centimètre et demi jusqu'à 4 centimètres de diamètre.

La troisième forme est à peu près semblable, mais le bouton de métal est creux, très bien travaillé et orné de grenats et de verres de couleur sertis dans les facettes du métal. Ces boucles, très élégantes (n°s 64 et 65), ont 4 à 5 centimètres de diamètre.

La quatrième forme est absolument identique à la précédente, mais l'anneau est fermé et soudé, et le bouton est mobile autour de la tige; dans ce cas, la boucle d'oreille était fixée à demeure et ne pouvait pas s'enlever. Le bouton est également taillé à facettes et des plaques de grenat et de verre y sont serties.

Ces quatre premières formes sont communes à presque tous les cimetières barbares, et nous les retrouvons figurées dans l'ouvrage de l'abbé Cochet (*Sépultures franques et normandes*), pages 158, 173, 180, et dans Baudot (pl. XXVI).

La cinquième sorte est de beaucoup la plus élégante; elle n'a été trouvée que deux fois à Herpes : une fois en argent, avec cabochon en verre bleu, mais brisée en cinq ou six morceaux, et la seconde fois en or, intacte; elle est figurée sur nos planches sous le n° 67. Cette paire de boucles d'oreilles, d'une forme presque moderne, est en bel or jaune et dans un état de conservation remarquable.

Nous aurons terminé la revue méthodique du mobilier funéraire d'une dame barbare d'Herpes, en commençant par les pieds pour terminer par la tête, quand nous aurons ajouté que trois ou quatre fois nous avons trouvé autour du crâne des fils d'or pur très légers, qui semblaient avoir été tissés avec une étoffe que le temps et l'humidité ont détruite; ils devaient orner un voile qui entourait la tête de la morte.

De semblables fils ont été trouvés en Normandie et en Angleterre dans des conditions identiques, et l'abbé Cochet, qui, dans ses *Sépultures franques et normandes*, les décrit et en donne un dessin (p. 180), leur attribue le même usage.

Nous ne parlons pas ici des vases et verres, qui étaient le complément presque constant des sépultures féminines aussi bien que des sépultures des guerriers, et qui méritent, par leur variété de formes et de dimensions, une description particulière.

LES VASES FUNÉRAIRES.

Presque toutes les sépultures d'Herpes contenaient un vase funéraire, placé tantôt à gauche, tantôt à droite du sommet de la tête. Ce vase est ou en verre ou en terre; la forme varie beaucoup, les dimensions également. Je n'ai trouvé que deux fois le vase funéraire placé aux pieds ; c'est donc la très rare exception.

Les vases en terre sont plus communs que les vases en verre, mais cependant ce choix n'a rien à voir avec la richesse des sépultures ou le sexe du cadavre. J'ai trouvé de fort jolis vases et burettes en verre dans des tombes très pauvres en autres objets, et des vases en terre des plus grossiers et sans ornement, dans de très riches sépultures. Un seul exemple : la dame qui avait au doigt la superbe bague d'or n° 49, la bague d'argent n° 58, les deux belles fibules à tête d'oiseau n° 84, les deux salamandres n° 102 et les boutons n° 44, c'est-à-dire la plus riche sépulture que j'aie découverte, avait pour vase l'écuelle informe n° 127, tandis que la charmante petite buire n° 140 était dans une tombe renfermant seulement quelques débris de fer sans intérêt.

Mais je dois observer que les verres et les vases semblaient localisés. Ainsi, dans un espace de 100 mètres carrés, il arrivait de ne trouver que des vases en terre, et dans un autre espace voisin de même étendue, on avait une série de sépultures avec vases en verre, comme si certaines familles n'eussent employé que le verre, et d'autres que la terre.

Deux vases seulement sont en bronze; les vases en métal étaient donc peu employés à Herpes.

Les vases en terre (1). — Les vases en terre sont presque toujours noirs; sur une soixantaine de vases intacts que je possède, cinq ou six seulement sont en terre jaune pâle; un seul (n° 126), très petit, en terre rouge. Les petits vases noirs affectent trois formes distinctes quoique se ressemblant assez (pl. XVII, n°s 119, 120 et 121). Les grands vases avec ou sans anse sont de deux formes (pl. XVIII, n°s 122 et 123). Tous ces vases noirs sont ornés à la partie supérieure de dessins à la roulette variant à l'infini, tantôt en damier, tantôt imitant des feuilles de fougère ou d'autres plantes; ces dessins sont tous différents, et sur plus de cent vases intacts ou brisés, je n'en ai pas trouvé deux pareils : autant de vases, autant de dessins différents; mais l'ornementation consiste toujours dans l'agencement varié des petits carrés, des petits triangles ou des petits ronds qui composent les divers dessins.

La poterie noire trouvée à Herpes s'est aussi rencontrée en Bourgogne (Baudot, pl. XXIII), en Normandie (abbé Cochet, *Sépultures franques*, p. 349 et 350), avec des dessins à peu près identiques, et en Belgique, comme le démontre l'ouvrage spécial à ce sujet de M. Désiré Vanbastelaër : *Les Vases de forme purement franque et leurs ornements à la roulette* (Charleroi et Liège, 1891; pl. I, II, III et IV).

Les vases jaunâtres ou gris d'Herpes sont d'une autre forme et presque toujours sans aucun ornement (pl. XIX, n°s 124, 125, 126 et 127).

Les deux vases en bronze trouvés à Herpes sont figurés sur la planche XX : le premier, très lourd et épais, est figuré de grandeur naturelle; le second (n° 129), très mince, est figuré au tiers seulement de sa grandeur réelle.

Il est possible que ces vases aient été, comme nous le verrons pour les vases en verre, remplis d'un liquide quelconque; mais ce liquide, dont les traces étaient parfaitement visibles dans les vases en verre, n'a laissé aucune trace dans les vases en terre, probablement à cause de la porosité de ces vases; la couleur noire a été ajoutée. Ces vases sont solidement teints en noir, mais si on les frotte longtemps, et encore mieux si on les place dans un four de verrier chauffé à 5 ou 600 degrés, cette couleur noire disparaît et la terre grisâtre ou jaunâtre reste nue. C'étaient donc des vases de deuil, et teints en noir pour servir d'urnes funéraires, et réservés à cet usage.

(1) Ces vases sont figurés sur les planches moitié de grandeur réelle.

Les vases en verre. — Ces vases, qui occupent nos planches XXI à XXVI, sont tous figurés de grandeur naturelle; ils se divisent en trois sortes : les verres proprement dits, les fioles ou buires et les soucoupes.

Les verres proprement dits sont de deux sortes, avec ou sans pied; les verres à pied sont de beaucoup les plus rares, je n'en possède que deux du même modèle (n° 137); tous deux sont ornés de filets d'émail blanc.

Les vases sans pied sont ou le simple cornet, quelquefois très orné (n° 130), ou le cornet à filets blancs, ou le cornet tout uni; c'est le modèle le plus répandu (n° 134).

Un autre vase sans pied a une forme plus élégante et est terminé par un bouton d'émail blanc (n° 131); cette forme est beaucoup plus rare.

Une troisième sorte également sans pied a la forme d'une tulipe et est ornée d'un dessin en relief figurant une croix (n°ˢ 132 et 133).

Tous ces verres, dont la couleur varie du vert pâle au jaune clair, sont d'une excessive fragilité et aussi légers et aussi minces que nos verres mousseline les plus délicats; c'est presque un miracle que quelques-uns, une dizaine, soient restés absolument intacts, et à peu près autant assez peu brisés pour être raccommodés, après tant d'années passées à cette profondeur dans la terre sans que rien ait été mis pour les protéger, du moins en apparence.

Tous ces vases de verre étaient enduits à l'intérieur d'une substance d'un rouge foncé, comme s'ils avaient été placés là pleins d'un liquide rouge qui se serait desséché peu à peu, laissant des adhérences aux parois du verre. Cette matière, qui tient solidement au vase, finit par s'enlever par écailles. Je n'ai pu jusqu'ici la faire analyser assez sérieusement pour pouvoir hasarder une opinion sur sa nature; je crois même que cet enduit, qui a été trouvé dans les verres des autres sépultures barbares en France, n'a pas été déterminé jusqu'à ce jour.

Les fioles sont plus rares que les verres; elles étaient aussi revêtues à l'intérieur de cette matière rougeâtre; elles sont également en verre mince, et il y en avait de quatre différentes formes (n°ˢ 135, 136, 138, 139, 141 et 142).

Je compte à part la charmante petite buire à anse n° 140, qui était unique dans son genre à Herpes et dont l'élégance est remarquable, et quoique l'abbé Cochet, H. Baudot et M. Pilloy en aient décrit et figuré d'à peu près identiques, elle ne le cède à aucune.

Les tasses sans anse et soucoupes figurées sous les n°ˢ 143 et 144 étaient assez rares à Herpes et presque toujours brisées. Je n'ai pu conserver que ces deux exemplaires intacts.

3

Les verres de toutes sortes trouvés à Herpes sont absolument semblables à ceux trouvés en Normandie (abbé Cochet, *Sépultures franques*, p. 125, 171, 174) et en Bourgogne (H. Baudot, pl. XXI).

MONNAIES.

Nous avons trouvé à Herpes un très grand nombre de monnaies, mais jusqu'au dernier moment, à notre grande surprise, toutes étaient des monnaies impériales romaines, grands bronzes, moyens bronzes, petits bronzes, argent et or. Dans une des dernières sépultures fouillées, nous avons eu la bonne fortune de découvrir, dans la main droite d'un homme, onze monnaies barbares, grossières imitations de monnaies romaines, mais ayant leur caractère propre ; ces monnaies d'argent ont fait l'objet d'une savante étude de M. Maurice Prou, attaché au cabinet des médailles à la Bibliothèque nationale, et dont le travail sur ce sujet est annexé à la présente notice. Je me garderai donc d'en faire la description, une plume autorisée s'en étant chargée.

Quant aux monnaies impériales, elles portent des dates bien différentes : la plus ancienne est de Tibère, est en argent et appartient au Ier siècle de notre ère; la plus récente est de Justinien, qui régnait en 565 ; les plus répandues sont : Postumus, Galliénus, Tétricus et les trois premiers Constantin. Aucune n'est rare ; beaucoup sont percées et ont dû servir d'amulettes ; d'autres, comme je l'ai dit plus haut, ont été soudées sur des rubans de bronze et ont fait l'office de chatons de bagues.

Quelques objets ont été fort difficiles à classer. Je ne sais quelle attribution donner à une plaque de jade nuageux (pl. XVI, n° 112), à une perle absolument blanche et ressemblant à s'y méprendre à de la porcelaine (même planche, n° 113), aux objets en bronze doré figurés planche VII, n°s 30 et 33, et enfin à la curieuse figurine en bronze autrefois doré, qui porte le n° 88 de la planche XIV. Cette figurine, repliée en forme de tuile, qui devait être fixée par deux clous à une tige ronde, représente une femme avec nimbe ou auréole. Est-ce une sainte Vierge ? Est-ce une impératrice byzantine ? Je laisse cela à décider aux archéologues compétents.

La belle épingle et les trois petits bijoux en forme de trèfle qui portent sur la planche XV les n°s 100 et 106 sont aussi difficiles à attribuer. L'épingle est-elle une épingle à cheveux ? Ce serait la seule trouvée à Herpes, et cependant je ne vois pas à quoi elle aurait pu servir autrement. Elle est en argent et représente un oiseau formé de dix plaques de grenat, d'une plaque de nacre et de deux plaques de verre sertis dans le métal.

En terminant, je puis mentionner que j'ai trouvé plusieurs fois des objets et des bijoux en forme de croix ou ayant la croix comme sujet d'ornementation. Nous pouvons en conclure qu'il y avait déjà une population chrétienne à Herpes à l'époque de ces sépultures; d'autre part, des monnaies souvent trouvées dans la bouche prouvent que cet usage païen était encore en vigueur. Je laisse à des personnes plus autorisées le soin de conclure. Je me bornerai à hasarder mon opinion personnelle sans insister sur mes timides conclusions.

DATE PRÉSUMÉE DES SÉPULTURES.

Deux opinions ont été émises sur l'époque de ces sépultures. Il est incontestable qu'elles appartiennent à l'époque mérovingienne ou plutôt barbare; mais les Franks étant venus en grand nombre dans l'Aquitaine à deux reprises, la première avec Clovis allant combattre les Visigoths, en 507, et la deuxième avec Charles Martel poursuivant les Sarrasins vaincus, en 732, il s'agit de savoir à laquelle de ces deux époques, chacune suivie d'occupation franque, il faut rattacher le cimetière d'Herpes. Je n'hésite pas à croire que la première date est la vraie, et je me base pour établir cela sur les faits suivants :

1° A la date de 732, on eût trouvé des monnaies franques. Les deux cents années de rois mérovingiens auraient fourni des monnaies à leur nom. Au contraire, si nous adoptons le règne de Clovis, le fait des monnaies exclusivement romaines ou pseudo-romaines, imitant grossièrement les monnaies impériales de Constantinople, est tout naturel, ces monnaies étant encore les seules ayant cours en Gaule.

2° M. Bertrand m'a écrit que, selon lui, les bijoux appartenaient à la belle époque de l'art mérovingien. Or, en 507, on devait, en effet, avoir encore des bijoux ayant le vrai caractère mérovingien, tandis qu'en 732 l'art mérovingien avait dû perdre son caractère germanique ou plutôt barbare, puisque de récentes découvertes semblent prouver que cet art, dit mérovingien, a été commun à toutes les peuplades qui ont envahi l'Occident à la chute de l'empire romain.

3° J'avais appelé l'attention de M. Bertrand et de M. Salomon Reinach sur le nom singulier d'Herpes, si curieux dans notre contrée, et M. Reinach m'écrit à ce sujet : « Je suis porté à voir dans *Herpes* un nom germanique. On trouve, en effet, en Allemagne des villes appelées Herpa, Herpley, Herpel, Herper,

Herpesdorf, Herpf. Vous auriez donc eu à Herpes une population franque assez importante. »

Or, il est facile d'admettre que des Franks ayant suivi Clovis, et ayant encore présents à la mémoire les noms des villes qui avaient été le berceau de leurs familles, que quelques-uns même avaient pu habiter, aient donné à leur centre d'occupation dans notre pays le nom de leur ancienne résidence, tandis qu'il est invraisemblable que les compagnons de Charles Martel, qui habitaient le nord de la France et l'Ile-de-France depuis deux cent quarante ans, aient songé à baptiser leur nouvelle résidence d'un nom de ville oublié depuis des générations.

4° Les monnaies trouvées dans la bouche indiquent qu'il y avait encore à l'époque de l'inhumation un certain nombre de païens, tandis que les bijoux en forme de croix démontrent qu'il y avait aussi beaucoup de chrétiens. Or, en 507, il y avait encore, sans doute, des païens, tandis qu'en 732 il semble certain que tout le monde était chrétien dans ce pays-ci.

Conclusion, que je ne donne que sous toute réserve, mais qui me semble fondée :

Le cimetière d'Herpes date du VI° siècle et de la première invasion franque en Aquitaine sous Clovis.

ÉTUDE

SUR QUELQUES

CACHETS ET ANNEAUX

DE L'ÉPOQUE MÉROVINGIENNE [1]

PAR

M. DELOCHE

I.

BAGUE EN OR.

(Planche IX. — N° 49.)

CETTE superbe bague, un des plus beaux spécimens que nous connaissions, en ce genre, de l'orfèvrerie mérovingienne, est, comme un anneau de fiançailles ou de mariage précédemment décrit, en la possession de M. Philippe Delamain, archéologue distingué, résidant à Jarnac (Charente). Depuis plusieurs années, M. Delamain a exploré avec autant d'intelligence que de dévouement les nombreuses sépultures (650 à 700) que renferme le cimetière gallo-franc par lui découvert dans le village de Herpes (2), commune de Courbillac,

(1) Extrait de la *Revue archéologique,* novembre-décembre 1890.

(2) Le nom de *Herpes* a une forme exceptionnelle pour cette région, où presque tous les centres de population ont des vocables terminés par le suffixe *ac* ou par le mot *ville.* M. Salomon Reinach, le savant attaché du musée de Saint-Germain, à qui M. Delamain a fait part de cette observation, lui a répondu en ces termes : « Je suis porté à voir dans *Herpes* un nom germanique. On trouve, en effet, en Allemagne, en Bavière, des villes anciennes appelées *Herpa, Herpley, Herpol, Herper, Herpesdorf, Herpf.* Vous auriez donc eu à Herpes une population franque assez importante. » (Lettre de M. Ph. Delamain, du 16 juin 1890.) Les rapprochements ci-dessus sont concluants; aussi sommes-nous surpris de ne pas retrouver dans le livre de Forstemann, *Ortsnamen,* le radical *Harp* ou l'un quelconque de ses dérivés dans la toponymie germanique.

canton de Rouillac, arrondissement d'Angoulême. Il y a recueilli, avec une grande quantité d'autres objets, l'anneau de fiançailles précité, celui dont il s'agit ici, et onze bijoux de même espèce, tous inédits, que le savant antiquaire nous a très obligeamment communiqués, et auxquels nous consacrerons un nombre égal de notices.

Notre bague a été découverte, le 15 janvier 1890, dans la tombe d'une femme, au doigt de laquelle elle était encore (1).

Elle est en or jaune, très pur, et pèse exactement 9 grammes. Elle a 19 millimètres d'ouverture et se compose d'une forte tige et d'un chaton qui y est soudé.

La tige, qui a, près du chaton, 10 millimètres de large, est ornée de torsades sur tout son pourtour ; de chaque côté, aux points de jonction de la tige et du chaton, il y a deux perles ou cabochons assez gros en or, au-dessous de chacun desquels quatre globules.

Sur cette tige est soudé le chaton, dont la partie inférieure, de forme quadrangulaire, mesure 14 millimètres du côté le plus large, correspondant à l'ouverture de l'anneau, et 12 millimètres de l'autre côté ; elle est ajourée sur ses quatre faces et a 10 millimètres de la base à la naissance de la partie cintrée, qui mesure 7 millimètres de chacun des angles au sommet, lequel était orné d'un grenat qui, de même que ceux des quatre angles, était sorti de son alvéole.

Nous n'entrerons pas dans de plus amples détails touchant la composition de ce remarquable bijou, sur lequel l'artiste a prodigué les ornements, et qui a dû être assurément porté par une fille ou matrone de haut rang.

Nous devons, en terminant, établir un rapprochement entre notre bijou et quelques anneaux déjà reproduits par nous, tels que ceux de *Nona* et d'*Aster*, et principalement la bague de La Garde (Loire), qui offre une frappante analogie avec celle de Herpes.

Notons enfin que celle-ci était au même doigt que l'anneau qui fait l'objet de la notice suivante.

(1) Lettre de M. Ph. Delamain, du 16 juin 1890.

II.

ANNEAU SIGILLAIRE AVEC L'INITIALE C REDOUBLÉE.

(Planche X. — Nº 58.)

Cet anneau inédit a été trouvé par M. Ph. Delamain dans la même sépulture féminine et au même doigt que le précédent (1). Il est en argent massif et pèse 5 grammes. Il a 19 millimètres d'ouverture entre le chaton et la partie opposée et 20 dans l'autre sens. La tige a, près de la naissance du chaton, une largeur de 5 millimètres.

Le chaton, pris dans la masse, est formé par un simple aplatissement, sur 14 millimètres, de la tige, qui, dans cette partie, a une largeur variant de 5 à 7 millimètres. Il présente, gravés en creux : 1º un caractère où l'on peut voir soit un **S** rétrograde, soit un **Z**, dont la barre centrale serait perpendiculaire au lieu d'être oblique; 2º un trait horizontal qui traverse ce caractère et dont chaque extrémité est accostée et enveloppée d'un **C**. Si la lettre médiane est un **S**, elle aurait assez vraisemblablement sa valeur habituelle dans cette position, celle du **S** barré, abréviation de *Signum*, et les deux **C** seraient apparemment l'initiale redoublée du nom de la personne pour l'usage de laquelle le bijou avait été fabriqué.

III.

ANNEAU-CACHET DE GISA.

(Planche X. — Nº 57.)

Cet anneau inédit a été trouvé, au mois d'avril 1890, dans une des sépultures de Herpes, et fait partie, comme les deux précédents, de la collection de M. Ph. Delamain, à Jarnac. Il est en bronze et pèse 4 grammes et demi; il a 18 à 19 millimètres d'ouverture; la tige a, près du chaton, 6 millimètres de largeur. Sur le chaton, pris dans la masse, est tracé légèrement, par un double trait au

____

(1) Lettre de M. Ph. Delamain. du 16 juin 1890.

burin, un cadre ovale irrégulier de 12 millimètres de large sur 7 à 8 de haut. On y lit, en partant de la gauche (pour le lecteur), un **G** mérovingien, un **I**, un **E** rétrograde et un **S**; ces caractères forment le nom de

GISE

génitif du vocable féminin *Gisa*, fort usité dans le haut moyen-âge (1). Le mot *Signum* est ici sous-entendu, ou peut-être et même probablement le **S** placé à la fin de l'inscription a, comme nous l'avons remarqué déjà au cours des présentes études, un double emploi, comme élément composant du vocable et comme initiale du substantif *Signum*.

IV.

AUTRE BAGUE SIGILLAIRE AVEC INSCRIPTION.

(Planche X. — N° 59.)

Cette bague a été, comme la précédente, recueillie, au mois d'avril 1890, dans le cimetière gallo-franc de Herpes. Elle était encore au doigt d'un corps de femme, auprès duquel on a retrouvé, en outre, des agrafes, de petites fibules, un bracelet de perles incrustées d'émail, bleues, jaunes et noires à incrustations blanches (2).

Cet anneau est en argent très mince; il pèse 1 gramme et demi et a 18 millimètres d'ouverture. La tige a à la partie antérieure la plus haute, formant chaton, 5 millimètres. On y lit, gravées en creux, les lettres :

INTNI

pour lesquelles nous ne sommes en mesure de proposer ni même d'indiquer aucune explication, et dans lesquelles il faudrait naturellement trouver un nom de femme.

(1) Nous le trouvons notamment : 1° aux VII° et VIII° siècles, dans la mention d'une fille du roi des *Rugii Feltheus* ou *Feva* et d'une fille du roi des Lombards (Paul Diacre, *Hist. Langobardor.*, lib. I, cap. xix, et V, viii; apud *Monum. German. histor.*, édit. in-4°, p. 19, 141 et 148); 2° au IX° siècle, dans le *Polyptyque de Saint-Germain-des-Prés*, édit. A. Longnon, p. 2; édit. Guérard, p. 1; 3° au VIII° siècle, dans les *Tradition. Wizenburg.*, n° 67; 4° au IX° siècle, dans le Recueil des chartes de Lorsch (*Cod. Laureshan. diplomatic.*, n° 597.)

(2) Lettre de M. Ph. Delamain, du 16 juin 1890.

Il convient seulement de noter que l'inscription peut être lue indifféremment de gauche à droite, puisque, dans l'un et l'autre cas, on obtient la leçon **INTNI**.

V.

AUTRE ANNEAU SIGILLAIRE AVEC L'INITIALE M.

(Planche X. — N° 60.)

Voici un autre anneau en argent inédit, recueilli, comme les précédents, dans une des sépultures mérovingiennes de Herpes. Il a été trouvé à un doigt de femme, dont la tombe renfermait, en outre, deux agrafes en argent d'un travail soigné et une deuxième bague en argent, mais privée de toute inscription, à la différence de celle qui fait l'objet de la présente notice (1).

Celle-ci a 17 millimètres d'ouverture; la tige a 3 millimètres et demi dans sa plus grande hauteur, à la partie antérieure formant chaton, et sur laquelle est gravée la lettre **M**, initiale du nom de la femme pour laquelle le bijou avait été fabriqué et à laquelle il servait sans doute de cachet.

Il est à remarquer que, sur la queue des deux agrafes mentionnées plus haut, la même lettre **M** est reproduite deux fois de chaque côté (2).

VI.

AUTRE BAGUE SIGILLAIRE AVEC INSCRIPTION.

(Planche X. — N° 56.)

Voici une bague inédite en bronze, recueillie, comme les précédentes, par M. Ph. Delamain dans une des sépultures de Herpes. Elle était sur un squelette de femme; aucun autre bijou ne l'accompagnait (3).

(1) Lettre de M. Ph. Delamain, du 16 juin 1890.
(2) *Ibid*.
(3) Lettre de M. Ph. Delamain, du 25 septembre 1899.

Elle a 19 millimètres d'ouverture; la tige, simplement ornée, a, près du chaton, 5 millimètres de large. A droite et à gauche, sous le chaton, une figurine en saillie d'un travail rudimentaire. Le chaton, pris dans la masse, est de forme ronde et a 10 millimètres de diamètre. On y a gravé en creux des caractères où nous distinguons, en considérant l'inscription dans le sens de la tige de droite et en partant de la gauche (du lecteur), un **K** et peut-être un **I** placé obliquement sur la haste de cette lettre, un **A** et un **F**. Nous ne pouvons proposer ni même indiquer aucune explication de ces caractères, où il faut chercher le nom de la femme pour laquelle ce bijou avait été fabriqué.

VII.

AUTRE BAGUE.

(Planche X. — N° 63.)

Cette bague inédite a été trouvée, le 15 mai 1889, à Herpes, à la main droite d'une femme dont la sépulture contenait, en outre, un verre et deux agrafes (1).

Elle est en argent et pèse 8 grammes. Elle a 19 millimètres d'ouverture. La tige a 12 millimètres dans sa plus grande largeur sous le chaton, 5 du côté opposé. Le chaton, soudé sur la tige, est de forme ovale, avec 7 millimètres de haut sur 10 de large. La croix qui y figure est un trait profond, fait au burin et rempli d'émail noir; les quatre branches en sont fortement renflées aux extrémités.

VIII.

AUTRE ANNEAU.

(Planche X. — N° 55.)

Voici encore un anneau inédit, qui a été trouvé dans une des sépultures de Herpes, à la main droite d'une femme, auprès de laquelle on a recueilli, en outre, deux agrafes et une quantité considérable de perles d'ambre (2).

(1) Lettre de M. Ph. Delamain, du 16 juin 1890.
(2) *Ibid.*

Il pèse 3^{gr} 90 ; il est composé d'un ruban d'argent qui a été légèrement déformé, et mesure 21 millimètres d'ouverture entre le chaton et la partie opposée, 19 millimètres et demi dans l'autre sens. La tige a 11 millimètres de large près du chaton, 3 du côté opposé ; elle est ornée, à droite et à gauche, d'enroulements en relief qui y ont été soudés. Le chaton, de forme presque ovoïde, irrégulière, a 9 millimètres dans sa plus grande hauteur et 11 dans sa plus grande largeur ; c'est un morceau de verre bleu, serti dans du bronze, lequel est serti lui-même dans de l'argent ; il est accompagné, en bas et en haut, de trois globules ou cabochons en argent. On y remarque des trous résultant d'un accident ou d'une dégradation causée par l'humidité.

IX.

AUTRE BAGUE.

(Planche IX. — N° 53.)

Cette bague inédite a été recueillie, au mois de décembre 1888, dans une des tombes fouillées à Herpes, en même temps que deux boucles d'oreilles en os avec cabochons de grenat, des perles et des agrafes à têtes d'oiseaux aux yeux de grenat (1).

Elle est en or et pèse 4^{gr} 30. La tige est creuse et le vide est rempli par une pâte d'argile fine. Elle a 18 millimètres et demi d'ouverture, 8 millimètres dans sa plus grande largeur sous le chaton. Dans celui-ci, qui est de forme ronde et a 7 millimètres de diamètre, on a serti une rondelle de grenat de 5 millimètres ; il est entouré et accosté de globules ou cabochons en or se prolongeant, à gauche, sur la tige.

(1) Lettre de M. Ph. Delamain, du 16 juin 1890.

X.

AUTRE ANNEAU.

(Planche IX. — N° 50.)

Voici un bel anneau d'or massif inédit, trouvé, le 5 mai 1889, dans une des sépultures féminines de Herpes, avec deux superbes agrafes en argent doré et des perles de verre (1).

Il pèse 6 gr. La tige est un ruban d'or orné, de 7 millimètres de large près du chaton; elle a 18 millimètres et demi d'ouverture. Le chaton, soudé sur cette tige, est une rondelle en or de 21 millimètres de diamètre, au centre de laquelle il y a une petite plaque ronde d'où partent douze rayons où sont serties des plaques de grenat. Trois de ces plaques sont formées de deux pierres séparées par une cloison en or, sans doute à défaut de pierres assez grandes pour remplir chacun de ces trois rayons. Sous la rosace, il y a de chaque côté quatre globules ou cabochons.

XI.

AUTRE BAGUE.

(Planche IX. — N° 51.)

Cette bague inédite a été trouvée, au mois de juin 1889, par M. Ph. Delamain dans une des sépultures féminines de Herpes. La même tombe renfermait une plaque en argent, ornée de plaques de grenat et d'un gros cabochon de grenat (2).

Elle est en or massif, d'un poids de 6 grammes. Légèrement comprimée, elle a 17 millimètres d'ouverture du chaton à l'extrémité opposée, tandis qu'elle n'en a que 16 de l'autre côté.

Le chaton, soudé sur la tige, est de forme légèrement ovoïde, avec 15 millimètres et demi de hauteur sur une largeur de 14 millimètres. C'est une intaille

(1) Lettre de M. Ph. Delamain, du 16 juin 1890.
(2) *Ibid.*

sur pierre dure noire où, dans un encadrement, Jupiter est représenté assis, plaçant une couronne sur la tête de son aigle. Cette intaille est évidemment un ouvrage de facture antique dont on s'est servi pour décorer la bague gallo-franque qui nous occupe. A un doigt de la main gauche de la femme qui portait cette bague et au-dessus de ce bijou, il y avait un anneau, simple cercle d'argent, orné à sa partie antérieure de croix de Saint-André, et dont l'ouverture, exactement égale à celle de notre bague, indique que les deux objets avaient été fabriqués pour la même personne.

Nous avons là un nouvel exemple de l'emploi, bien connu d'ailleurs, d'œuvres d'art païennes pour orner des anneaux beaucoup plus récents, emploi que nous avons constaté dans l'anneau sigillaire du médecin pharmacopole Donobertus, où l'on voit une cornaline gravée représentant la figure de la Fortune (1).

XII.

AUTRE ANNEAU.

(Planche IX. — N° 52.)

Cet anneau a été trouvé, comme les précédents, au cours des fouilles opérées par M. Ph. Delamain dans le cimetière gallo-franc de Herpes. La tombe où il a été recueilli contenait, en outre, un vase en terre noire et quelques perles, ce qui indique une sépulture féminine (2).

Le bijou ici figuré est un cercle d'or jaune clair, qui a 17 millimètres d'ouverture entre le chaton et la partie opposée de la tige, 18 dans l'autre sens. Le chaton paraît avoir été ménagé à même le métal, car il n'y a nulle trace de soudure; il est de forme carrée, mesurant 8 millimètres de côté; on y a serti un morceau de cristal de roche taillé à facettes. La hauteur totale du chaton, y compris cet ornement, est de 6 millimètres, et le poids total de la bague est de 4gr 50.

(1) *Rev. archéol.*, 2e série, année 1880, t. II, p. 19.
(2) Lettre de M. Ph. Delamain, du 13 novembre 1890. La faible ouverture de la bague vient à l'appui de cette opinion.

XIII.

AUTRE ANNEAU.

(Planche X. — N° 62.)

Parmi les nombreux bijoux recueillis par M. Delamain au cours des fouilles par lui opérées à Herpes, il y a un type d'anneaux dont nous faisons figurer ici un spécimen. Il est toujours en argent; il consiste en un ruban de ce métal roulé en une spirale, qui est quelquefois de deux tours seulement, quelquefois de quatre, mais généralement de trois. La largeur et l'épaisseur de ce ruban varient beaucoup (1).

La bague représentée a 19 millimètres et demi d'ouverture et une hauteur totale de 10 millimètres. Le ruban dont elle est formée a 4 millimètres et demi de largeur.

(1) Lettre de M. Ph. Delamain, du 16 juin 1890.

MONNAIES BARBARES

D'ARGENT

TROUVÉES DANS

LE CIMETIÈRE MÉROVINGIEN D'HERPES[1]

PAR

M. MAURICE PROU

LE cimetière mérovingien découvert par M. Philippe Delamain sur le territoire de la commune de Courbillac (Charente), au lieu dit Herpes, et qui a livré tant de bijoux remarquables, n'avait jusqu'ici apporté à la numismatique aucun document nouveau. Mais M. Ph. Delamain, qui n'avait entrepris ces fouilles que dans l'espoir de découvrir des monnaies antiques, vient de recevoir le prix de sa persévérance. Il a trouvé dans la main d'un mort onze petites monnaies d'argent soudées les unes aux autres par l'oxydation, réunies en forme de rouleau et qui, pour être très barbares, n'en sont pas moins intéressantes (2).

---

(1) Extrait de la *Revue numismatique*, 2ᵉ trimestre 1891.
(2) Nous donnons ici les quatre pièces les plus curieuses.

Ces onze petites pièces échappent à une description détaillée. Le caractère le plus saillant, c'est l'extrême minceur du flan. Les légendes sont réduites à une série de traits verticaux ; sur plusieurs d'entre elles on distingue un ou deux **O** à l'exergue ; sur une autre, deux **N** dans la légende du revers. Au droit, un buste diadémé occupe le champ ; le type impérial est assez bien conservé ; toutefois, la monnaie figurée sous le n° 13 présente un buste diadémé dont la draperie affecte une forme trapézoïdale propre aux bustes des monnaies mérovingiennes ; sur une autre, l'épaule est ornée d'une croix. Neuf de ces monnaies ont pour type du revers un personnage tournant la tête à gauche, accosté de deux traits verticaux perlés, rompus à mi-hauteur par un annelet faisant saillie à l'extérieur. Deux autres pièces offrent une variété de ce type ; le personnage du revers paraît tourner la tête à droite ; de plus, on remarque au-dessus de l'épaule droite un petit trait horizontal avec deux pendants. Ces monnaies pèsent : 0^{gr} 380 ; 0.290 ; 0.277 ; 0.270 ; 0.260 ; 0.250 ; 0.225 ; 0.210, 2 exemplaires ; 0.200. Les numismatistes parisiens devront à la libéralité de M. Ph. Delamain de pouvoir les étudier tout à loisir, les deux pièces figurées sous les n°⁵ 12 et 14 ayant été données par lui à la Bibliothèque nationale.

Il est impossible de n'être pas frappé de l'analogie qui existe entre ces monnaies et celles qui ont été trouvées dans les cimetières d'Éprave (province de Namur) et auxquelles M. Cumont a consacré récemment une étude dans la *Revue belge* (1).

. . . .

... Les onze monnaies d'Herpes, dont les légendes sont simulées, sont plus faciles à dater. Sur l'une d'elles, en effet, le buste impérial est orné d'une croix ; or, la croix ainsi placée apparaît pour la première fois sur les tiers de sou d'Anastase (491-513) ; cette pièce ne peut donc être antérieure au VI° siècle. Bien qu'il y ait entre les onze pièces que nous étudions quelques différences de style, leur fabrique est à peu près la même, et celles qui sont les moins barbares ne sauraient être beaucoup antérieures à celles qui le sont le plus. Si nous comparons ces monnaies à la pièce d'Anthémius, qui, elle, peut dater au plus tôt de 467 et qui présente au revers le même type de Rome assise, nous constaterons qu'elles sont beaucoup plus barbares, que la figure du revers est presque méconnaissable, et nous serons amené à en faire descendre la fabrication au moins jusqu'au milieu

(1) G. Cumont, *Monnaies franques découvertes dans les cimetières francs d'Éprave*, dans *Revue belge de numismatique*, 1890, p. 212.

du VIe siècle (1), par suite, à y voir un produit du monnayage franc en Gaule, en un mot, à les classer parmi les monnaies mérovingiennes. Elles ont, d'ailleurs, des analogies de style avec les pièces de cette série. C'est ainsi que la tête d'une des pièces présente la bouffissure qui caractérise les têtes gravées sur les tiers de sou de Besançon.

Il nous reste à déterminer la nature de ces pièces. Le fait que toutes celles dont on connaît la provenance ont été découvertes dans des sépultures pourrait faire songer à des pièces essentiellement funéraires, fabriquées tout exprès pour être enfermées dans les tombeaux, quelque chose comme les *danachés* grecques. Nous ne nous arrêterons pas à cette hypothèse, car les monnaies qu'on rencontre le plus souvent avec les cadavres des VIe et VIIe siècles sont des monnaies romaines de bonne fabrique et surtout des bronzes. Elles sont placées souvent dans une bourse de cuir ou dans la bouche du mort, rarement dans sa main (2). D'autres fois, elles sont percées et servent d'amulettes ou de pendeloques. Les pseudo-romaines du genre de celles qu'ont fournies les cimetières d'Éprave et d'Herpes sont très exceptionnelles. La liste des trouvailles qui en ont été faites ne serait pas longue à dresser. Sur six cents tombes explorées par M. Delamain, une seule lui a fourni les pièces que nous publions. Il en serait tout autrement si nous avions affaire à des oboles funéraires. Ce ne sont pas non plus des ornements dans la main d'un mort. Seraient-ce des talismans, comme M. A. de Barthélemy le pensait des pièces d'Arcy-Sainte-Restitue ? C'est un point sur lequel il serait difficile de se prononcer.

Pour ma part, je préfère y voir de véritables espèces monétaires. Qu'on ne m'objecte pas l'extrême minceur des flans, qui fait que la pression des doigts suffirait à les briser. Les pièces non rongées par l'oxydation résistent assez bien. De plus, M. Cumont a déjà répondu que quantité de deniers du moyen-âge ne sont ni plus épais, ni plus solides.

Plutôt que d'y chercher des divisions d'un denier franc imaginaire, comme l'ont fait Thomas (3) et Pétigny (4) pour des pièces analogues, il paraît plus

---

(1) J'ajouterai que la monnaie romaine la plus récente trouvée dans les sépultures d'Herpes était une monnaie de Justinien. (Delamain, *Revue de Saintonge*, p. 380.)

(2) Sur les pièces trouvées dans la main des morts, voyez Cochet, la *Tombeau de Childéric*, p. 428. Dans une des tombes du cimetière de Tourville-la-Rivière, un mort tenait dans sa main trois monnaies de Gallien, de Claude le Gothique et de Constantin le Jeune. (Voyez Cochet, *Répertoire archéologique du département de la Seine-Inférieure*, p. 331.)

(3) Thomas, *Description de cinq monnaies franques inédites trouvées dans le cimetière mérovingien d'Envermeu*.

(4) Pétigny, Compte-rendu du mémoire de Thomas, dans *Revue numismatique*, 1855, p. 65.

rationnel de les rattacher au système monétaire romain adopté par les Barbares après leur établissement sur le territoire de l'Empire. Or, il suffit de parcourir les cartons d'un médaillier un peu riche pour y trouver une série de monnaies d'argent romaines du Vᵉ siècle du même module que les monnaies pseudo-romaines d'Honorius, de Théodose, de Valentinien, d'Anthémius et d'Anastase. Nous citerons comme exemple la pièce d'Honorius figurée pl. v, n° 9. Ces monnaies romaines, il est vrai, ont un poids plus élevé, compris entre 1ᵉʳ 04 et 1ᵉʳ 25, tandis que la plus lourde des monnaies publiées par M. Cumont, celle au nom de Théodose conservée au Musée britannique, ne pèse que 0.907. La plus légère parmi les pièces barbares où le nom de l'empereur n'est pas encore défiguré est celle d'Anastase trouvée à Villedomange et dont le poids descend à 0.30. Cet écart assez considérable entre les pseudo-romaines et les romaines d'argent de même module ne doit pas nous arrêter dans notre assimilation. Les pièces barbares sont toujours d'un poids moindre que les romaines. De plus, aux Vᵉ et VIᵉ siècles, on remarque des différences de poids très grandes entre les divers exemplaires d'une même pièce, également bien conservés et sortis les uns et les autres d'ateliers impériaux. Aussi, pour la plupart des paiements, avait-on recours à la balance, l'effigie impériale gravée sur les monnaies d'argent ne garantissant que le titre du métal et non le poids. Quant à déterminer le nom que les Romains donnaient à la pièce d'argent dont nous avons fait dessiner un exemple, c'est ce à quoi nous n'avons pu parvenir. C'est une fraction du *miliarense*, mais laquelle? Nous ne saurions le dire.

Le style des monnaies trouvées à Herpes nous a fait en placer l'émission au milieu du VIᵉ siècle. Cette hypothèse trouve une confirmation dans le module et le poids de ces pièces. On connaît un assez grand nombre de monnaies d'argent du même module frappées sous Justinien; ce sont des siliques. Pinder et Friedlænder en citent une (1) qui pèse 0.90, et il en est dont le poids s'abaisse jusqu'à 0.68 (2). Comme le poids des monnaies d'Herpes est compris entre 0.380 et 0.200, il est vraisemblable que ce sont des demi-siliques.

L'étude des onze monnaies découvertes par M. Ph. Delamain dans une sépulture du cimetière d'Herpes nous amène donc à cette conclusion qu'il y a

---

(1) Pinder et Friedlænder, *Die Münzen Justinians*, p. 27.
(2) Mommsen, *Histoire de la monnaie romaine*, trad. Blacas, t. IV, p. 108, n° 9.

ou dès le VIe siècle, dans les pays soumis à la domination mérovingienne, un monnayage d'argent qui a eu pour point de départ, tout comme le monnayage des Goths et des Vandales, la contrefaçon des monnaies romaines contemporaines.

LE

CIMETIÈRE WISIGOTHIQUE

DE HERPES

(CHARENTE)

(Communication faite au Congrès des Sociétés savantes, à la Sorbonne,
dans la séance du 23 mai 1891)

PAR

M. LE BARON J. DE BAYE

'AI déjà eu l'occasion de constater les efforts multipliés et couronnés de
succès tentés par les archéologues en France, à l'effet de classer les objets
contemporains des invasions barbares, en s'appuyant sur l'histoire et la
géographie (1).

Après avoir compris sous une dénomination générale toutes ces antiquités
improprement qualifiées d'antiquités mérovingiennes, nous avons reconnu que
les Franks avaient, avant le milieu du Ve siècle, adopté l'art qui nous occupe.
Puis, les nécropoles contemporaines découvertes dans l'ancienne Burgondie ont
révélé des produits de ce même art. Leurs mobiliers funéraires, malgré une
frappante analogie avec ceux des Franks, furent naturellement attribués aux
Burgondes. Si on est porté à considérer les dépouilles sépulcrales exhumées de
la *Francia* comme frankes et celles de la *Burgundia* comme burgondes, il est
logique de regarder comme wisigothiques les objets datant de la même période,
revêtus des mêmes caractères, trouvés dans une région de la Gaule qui fut tout
d'abord occupée par les Wisigoths.

(1) *L'Art des Barbares à la chute de l'empire romain.* (Ext. de l'*Anthropologie*, 1895; t. I, n° 4.)

Vers l'année 419, Wallia, roi des Wisigoths, obtint la seconde Aquitaine et la ville de Toulouse. Les premiers successeurs de Wallia conquirent le pays compris entre la Loire et les Pyrénées. A la mort d'Honorius (424), trois royaumes barbares venaient d'être fondés dans la Gaule (1); ce pays, à partir de cette époque, reçut les dépouilles mortelles des divers peuples qui l'occupaient (2).

Nous connaissons un grand nombre de sépultures frankes, mérovingiennes, une quantité assez considérable de sépultures burgondes, mais la découverte de cimetières attribuables aux Wisigoths faisait défaut jusqu'à ce jour.

L'importante trouvaille due à M. Philippe Delamain me semble combler cette lacune; pour ce motif, elle mérite toute votre attention. Il s'agit d'un vaste cimetière situé sur le territoire du village d'Herpes, commune de Courbillac, près de Jarnac, dans la Charente (3). Plus de six cents sépultures ont déjà été explorées, et probablement ce chiffre sera presque doublé lorsque les fouilles seront achevées (4). La position géographique de ce cimetière permet de le considérer comme wisigothique. Cette appellation ne nous est pas familière, car c'est la première fois que l'occasion se présente de l'appliquer à une nécropole barbare trouvée en Gaule. La date des plus anciens ensevelissements peut vraisemblablement remonter à la seconde moitié du V⁰ siècle, c'est-à-dire aux premiers temps de l'établissement de colonies wisigothiques dans cette contrée.

En effet, M. Longnon nous a fait connaître, dans le voisinage d'Herpes, plusieurs localités dont le nom correspond à *Gothorum villa*. A treize kilomètres nord-est d'Herpes se trouve Gourville (Charente, arrondissement d'Angoulême, canton de Rouillac). Le nom de Gourville, Godorvilla au XI⁰ siècle, représente le latin *Gothorum villa*, nom porté par un certain nombre de localités du midi de la France. A la même distance d'Herpes, mais dans la direction du nord, existe le village de Gourvillette (Charente-Inférieure, arrondissement de Saint-Jean-d'Angély, canton de Matha). Gourvillette s'appelait originairement Gourville, mais on l'a nommé Gourvillette, c'est-à-dire « *la petite Gourville* », pour le distinguer d'un Gourville plus grand.

L'ensemble des produits industriels exhumés des tombeaux d'Herpes offre une frappante analogie avec ceux des nombreux cimetières du nord de la France.

---

(1) Grég. de Tours. *Hist. des Franks*, liv. II, chap. IX.

(2) Les Franks, les Burgondes et les Wisigoths.

(3) C'est en janvier 1886 que les premières découvertes furent faites par des cultivateurs qui en informèrent M. Ph. Delamain.

(4) Ces sépultures ont fourni les objets figurés sur les planches jointes au présent mémoire.

Cette ressemblance, qui frappe au premier coup d'œil, a suggéré à quelques archéologues la pensée que les uns comme les autres devaient être franks. Mais les cimetières burgondes, les cimetières alamans, les cimetières longobards eux-mêmes n'offrent-ils pas les mêmes caractères généraux? Il serait bien surprenant de ne pas les rencontrer dans un milieu wisigothique. Je dirai plus, ces caractères doivent apparaître mieux accusés dans les tombes wisigothiques de la Charente. Ces sépultures doivent nous révéler d'une façon toute particulière la preuve de la persistance ou de la survivance du même art chez les populations gothiques depuis le moment où elles ont séjourné vers l'Orient, pendant leur stationnement en Pannonie et jusqu'au terme de leur poussée vers l'Occident, c'est-à-dire dans le sud-ouest de la France. N'oublions pas que l'art adopté par les Franks, les Burgondes, les Alamans, etc., est celui-là même dont nous trouvons les traces à travers l'Europe centrale, que nous constatons en Hongrie, en Roumanie et jusque dans la Russie méridionale, principalement en Crimée et dans la Caucasie du Nord. Les liens qui rapprochent les antiquités d'Herpes de celles laissées par les Goths dans leur passage à travers l'Europe constituent le plus éloquent témoignage que nous puissions invoquer en faveur de l'unité et de l'origine gothique de l'art adopté par les divers peuples envahisseurs de l'empire romain (1).

Au VIe siècle, après la victoire remportée sur Alaric par Clovis (2), le cimetière d'Herpes continua sans doute à recevoir des morts de la même nationalité, c'est-à-dire des Wisigoths. Les Franks soumirent les Wisigoths, mais ne se substituèrent pas à eux. Les colonies wisigothiques, les colonies burgondes sont demeurées respectivement dans leurs cantonnements, dans leurs provinces, après la conquête de celles-ci par les Franks.

La majeure partie du cimetière d'Herpes doit être rapportée à une date antérieure aux premiers temps de l'occupation franke; en effet, il renferme, à côté des ensevelissements d'hommes armés, des sépultures de femmes et d'enfants. Or, les Franks sont venus occuper militairement le pays et leurs bandes étaient exclusivement composées de soldats. Après la conquête, ils ne demeurèrent pas nombreux au sud de la Loire et se bornèrent à tenir garnison dans les lieux fortifiés; ils ne colonisèrent point le sud-ouest comme le nord de la France. Les

(1) M. Delamain a été frappé comme nous de la parfaite identité d'une série de ses fibules (pl. VI, fig. 25, et pl. VII, fig. 28) avec celles de Crimée que j'ai eu l'occasion d'étudier en Russie.

(2) Clovis s'empara d'Angoulême au printemps de l'année 508. — GRÉG. DE TOURS. *Hist. des Franks*, liv. II, chap. XXXVII.

premiers Franks prirent sans doute des femmes parmi les populations qu'ils trouvèrent établies sur le sol avant leur arrivée. Il faudrait donc supposer une nécropole où les guerriers franks reposeraient à côté de femmes gallo-romaines ou wisigothes. Cette hypothèse paraît peu vraisemblable.

M. Delamain a constaté dans un nombre considérable de sépultures la preuve qu'elles renfermaient des chrétiens. Cette observation, jointe à la présence d'une bijouterie qui n'était pas encore dégénérée, nous paraissent deux témoignages favorables à l'hypothèse que nous proposons en donnant à la nécropole de la Charente l'épithète de wisigothique. Elle appartient, comme l'a judicieusement fait observer M. A. Bertrand, à la belle époque de l'art mérovingien (1). La nécropole *burgonde* de Charnay est caractérisée par des produits industriels sensiblement analogues et par des signes du christianisme non moins abondants (2). Les Burgondes (3) et les Wisigoths ont été convertis au christianisme avant les Franks (4), et nous ne devons pas nous étonner d'en retrouver les preuves auprès de leurs squelettes. Les Goths étaient ariens avant leur arrivée en Gaule; ils avaient, en effet, été convertis au christianisme dès le IVe siècle par leurs évêques Théophile et Ulphilas.

Si le cimetière d'Herpes renferme de nombreuses tombes chrétiennes antérieures à l'année 508, pendant laquelle Clovis s'empara d'Angoulême, nous acquérons une preuve de plus que nous sommes en présence de sépultures wisigothiques.

L'avenir peut nous réserver la rencontre d'antiquités attribuables aux Wisigoths au nord de la Charente, dans les départements de la Vienne et d'Indre-et-Loire. Le roi goth séjournait à Poitiers lorsque les Franks entrèrent en campagne (5). Les Goths dominaient aussi à Tours, métropole de la IIIe Lyonnaise, située, il est vrai, sur la rive gauche de la Loire, mais dont le territoire s'étendait sur l'autre rive du fleuve (6).

Cet art de l'orfèvrerie cloisonnée, qui caractérise les plus beaux produits barbares attribués aux Goths, est représenté à Herpes par plusieurs spécimens

---

(1) *Revue de Saintonge et d'Aunis*, X^e vol., 6e livraison, p. 381.

(2) Baudot, *Sépultures des Barbares de l'époque mérovingienne*, 1860, p. 91 et 92.

(3) Les Burgondes adoptèrent le christianisme vers l'an 433.

(4) Les Franks reçurent le baptême après la victoire de Tolbiac (407).

(5) Grégoire de Tours, *Hist. Franc.*, liv. II, ch. xxxvii.

(6) Volusien, évêque de Tours, devenu suspect aux Goths vers 497, fut exilé dans le territoire de Toulouse, où il mourut, et son successeur Verus eut le même sort. (*Hist. Franc.*, lib. II, ch. xxvi; lib. X, ch. xxxi.)

(pl. v, fig. 17; pl. viii, fig. 34, 35, 39, 44, 45, 46, 47) (1). Pour ne citer qu'un exemple, le chaton de certaines bagues est orné de grenats en table disposés sur des paillons et renfermés dans des cloisons d'or (pl. ix, fig. 50) (2). Ces bijoux sont identiques en tous points aux spécimens conservés au Musée de Budapest (3) et à quelques autres provenant de la Russie méridionale (4).

Outre les parures qui se trouvent à Herpes comme dans d'autres nécropoles de la Gaule, outre les bijoux qui se rencontrent dans ce milieu aussi bien que dans les régions danubiennes et pontiques, il existe encore à Herpes des objets qui sont certainement gothiques; je veux parler de certaines boucles d'oreilles (pl. xi, fig. 67) qui n'avaient pas encore été signalées en France dans un milieu daté archéologiquement (5). Ces pendants d'oreilles sont nommés par les Allemands *körbchen ohrringe*. Cette forme toute spéciale ne s'est jamais rencontrée, que je sache, dans une sépulture franke ou burgonde. Elle n'aurait point, comme d'autres parures, pénétré chez les diverses tribus barbares. En dehors de la nécropole longobarde de Testona (6), les spécimens trouvés dans les sépultures de la *Porta-Nuova*, près Trento (7), et d'Igels, près Inspruck (8), sont attribuables aux Goths. En Hongrie, ces pendants d'oreilles en or, en argent et en bronze ont été trouvés par centaines dans les sépultures de Keszthely, de Dobogü et d'Abrud-Banya (9).

Parmi les usages funéraires remarqués dans les fouilles d'Herpes, nous constatons, à côté de nombreuses analogies identifiant cette nécropole avec celles des pays franks et burgondes, une différence digne de remarque. Sauf deux ou

----

(1) Fibules, plaques de ceinture, etc.

(2) M. M. Deloche a décrit et interprété plusieurs bagues d'Herpes dans la *Revue archéologique*, 1890, numéro de novembre-décembre, p. 377 et suiv.

(3) HENSZLMANN. *L'Age du fer, étude sur l'art gothique.* — Compte-rendu du Congrès international d'anthropologie et d'archéologie préhistoriques tenu en 1876 à Budapest, t. I, 1877, p. 526, fig. 29, 30 et 31.

(4) KONDAKOFF et J. DE TOLSTOI. *Rousskia Drevnosti*, IIIᵉ fasc., p. 123, fig. 141. Saint-Pétersbourg, 1890 (en russe).

(5) Les boucles d'oreilles de cette forme conservées à la Bibliothèque nationale (département des antiques, nᵒˢ 2847-2848) et au Musée des antiquités nationales de Saint-Germain sont de provenances inconnues.

(6) Bien que la nécropole de Testona doive, selon nous, être considérée comme longobarde, quelques-uns de ses produits trahissent une influence gothique très marquée.

(7) Dᵣ Fr. WIESER. *Germanischer Grabfund von Trient.* — Ferd. Zeitschrift III. Folge 31, Heft.

(8) *Mittheilungen der Anthropologischen Gesellschaft in Wien.* — Bd. XVI, 1886, p. 1; Tafel, I.

(9) Dᵣ W. LIPP. *Die gräberfelder von Keszthely.* — Budapest, 1885, p. III. — F. PULSZKY, *Studien über Denkmäler der Völker wanderungszeit.* — *Ungarische Revue*, 1889. VII Heft. Neunter Jahrgang, p. 409 et suiv.

trois exceptions, les vases d'Herpes (pl. XVII, XVIII, XIX) reposaient près de la tête (1). Dans les sépultures des Franks (2) et des Burgondes (3), ils se retrouvent généralement aux pieds des squelettes.

Les quelques monnaies barbares recueillies à Herpes ne doivent pas servir d'argument probant en faveur de l'origine franke de ce groupe de sépultures. Ces grossières imitations de pièces impériales ont fixé l'attention de M. Maurice Prou, qui les étudie avec la compétence qu'il apporte dans ses travaux (4). Mais il semble que leur présence dans une tombe barbare n'implique pas la preuve que cette tombe soit plutôt franke que wisigothique.

Nous avons fait remarquer les analogies incontestables des mobiliers funéraires d'Herpes avec ceux des cimetières franks, burgondes et alamaniques. Ces ressemblances ne s'opposent pas à ce que nous considérions la nécropole qui nous occupe comme renfermant les morts d'une colonie wisigothique. Le cimetière d'Herpes se trouve intimement relié au groupe occidental tel que l'archéologie sépulcrale nous le fait connaître. D'un autre côté, les comparaisons avec certains produits similaires des provinces danubiennes de l'ancienne Pannonie, de la Dacie, nous engagent à rechercher de ce côté une parenté industrielle pour les parures et une parenté ethnique pour les restes humains exhumés dans la Charente. Au risque de nous répéter, nous affirmerons une fois de plus que les gisements de la Hongrie sont intermédiaires entre les points extrêmes de la Russie méridionale et ceux du sud de la France. Il est évident que le temps nécessaire pour passer de l'extrême Orient à l'extrême Occident a dû modifier la parure et l'armement des Barbares. Il est non moins évident que l'influence des milieux s'est fait sentir et que les contacts avec différents peuples ont laissé des traces. Mais, malgré les changements apportés par ces éléments, certaines formes artistiques, certaines parures originales, certains procédés industriels, certains goûts très particuliers

(1) *Revue archéologique*, juillet-août 1889, p. 162. — *Revue de Saintonge et d'Aunis*, Xᵉ vol., 6ᵉ livraison, novembre 1890, p. 374.

(2) Abbé COCHET. *La Normandie souterraine*, p. 228, 298, 308, 324, 384, 404, 413, 425, 429, 433, 435, 440. — *Sépultures gauloises, romaines et franques*, p. 168, 184, 186, 188, 190, 192, 196, 108. — *Le Tombeau de Childéric*, p. 360. — DANIOU. *Note sur quelques antiquités mérovingiennes du musée de Beauvais*, p. 6. — FR. MOREAU. *Album Caranda*, légende de la pl. XVIII. — PILLOY. *Études sur d'anciens lieux de sépultures dans l'Aisne*, t. I, 1879-1885, p. 92, 93, 102, 121. — LINDENSCHMIT. *Das germanische todtenlager bei Selzen*, pl. 1 à 9, 11, 12, 16, 18, 19.

(3) BAUDOT. *Mémoires de la Commission des antiquités de la Côte-d'Or*, année 1832-1833, p. 216-220. — *Sépultures des Barbares de l'époque mérovingienne*, 1860, p. 88. — A Charnay, il a été trouvé aussi parfois des vases près des crânes.

(4) Voir *Revue de numismatique*, 1891, p. 134 à 145, et pl. V. Monnaies barbares d'argent trouvées dans le cimetière mérovingien d'Herpes.

sont parvenus à travers·le temps et l'espace jusqu'en Gaule sans subir une modification essentielle (1).

Nous devons à la vérité de faire connaître après les faits expliqués ceux dont nous n'avons pas encore découvert l'interprétation. Une série de fibules — et ce ne sont pas les moins belles parmi les bijoux d'Herpes — fixe tout particulièrement l'attention par sa rareté (pl. XIII, fig. 83, et pl. XIV, fig. 87 et 89). Ces fibules se composent de trois parties : l'une rectangulaire, l'autre cruciforme, reliées par une bande arquée relativement étroite. La partie rectangulaire reçoit la charnière, la partie ansée renferme les plis du vêtement, et la partie cruciforme retient, fixée par un arrêt, la pointe de l'ardillon. L'ornementation des deux principaux éléments est très spéciale et se distingue de la décoration habituellement employée. Où devons-nous rechercher des points de comparaison? Les sépultures frankes, burgondes n'en contiennent point.

La côte méridionale de l'Angleterre et l'île de Wight seules ont donné des fibules allongées appartenant au type dont nous venons de signaler la présence dans la Charente. Le cimetière de Chessel-Down, dont les produits appartiennent au British Museum, a fourni une série importante de ces parures (2). Cette nécropole offre des points de comparaison avec d'autres bijoux que nous sommes surpris de rencontrer dans les sépultures d'Herpes.

Les petites fibules concaves en forme de cupule, dont le fond est orné d'une tête grossière, trouvées à Herpes (pl. VIII, fig. 36), peuvent être comparées à celles de Chessel-Down, de Harnham-Hill (3), près de Salisbury, et de Chatham-Lines (Kent) (4). Ces fibules sont les diminutifs de celles que les archéologues anglais nomment *saucer-shaped* (5) ou *dish-shaped* (6), et qui se retrouvent dans le Berkshire, l'Oxfordshire et le Gloucestershire (7).

Le cimetière de l'île de Wight est considéré comme anglo-saxon parce qu'il est situé en Grande-Bretagne, mais il se distingue de l'ensemble des sépultures désignées sous ce nom. On reconnaît, en effet, dans les produits de Chessel-Down une influence continentale accusée par la poterie, les fibules ornithomorphes, les

---

(1) *De l'influence de l'art des Goths en Occident.* Paris 1891.
(2) *The History and Antiquities of the Isle of Wight,* by George Hillier. London, 1856.
(3) YONGE AKERMAN. *Remains of Pagan Saxondom.* London, 1855, part. XVII, pl. XXXIV.
(4) DOUGLAS. *Nenia Britannica,* p. 5 ; pl. II, fig. 7 et 8.
(5) ROACH SMITH. *Collectanea antiqua.*
(6) AKERMAN. *Pagan Saxondom.*
(7) *Inventorium Sepulcrale de Bryan Faussett,* publié par Roach Smith en 1856. Introduction, p. XIV.

fibules à rayons, les boucles de ceinture (1), et une influence anglo-saxonne révélée par les fibules à base cruciforme et les petites fibules cupelliformes (2).

La présence d'antiquités semblables exhumées dans les milieux barbares de l'île de Wight et de la Charente s'explique difficilement. L'avenir réserve la solution de ce problème. Nous avons voulu, dans notre étude comparative, faire connaître, à côté des faits explicables, ceux dont la présence attend une interprétation.

Nous proposons de considérer le cimetière d'Herpes comme wisigothique, sans cependant refuser de reconnaître qu'il trahit des influences étrangères. Du reste, l'archéologie barbare du sud et du sud-ouest de la France n'a pas été suffisamment étudiée. La découverte due à M. Delamain ne restera pas isolée, espérons-le. Lorsque nous posséderons plus de matériaux, nous pourrons être plus affirmatif et substituer des conclusions aux simples propositions, inspirées par la prudence, que nous émettons aujourd'hui.

(1) Baron J. DE BAYE. *Industrie anglo-saxonne*. Paris, 1889, pl. III, IV, XII.
(2) *Ibidem*, pl. VII et VIII.

TABLE DES MATIÈRES

COLLECTION DELAMAIN

CIMETIÈRE D'HERPES

(Fouilles et Collection Ph. Delamain)

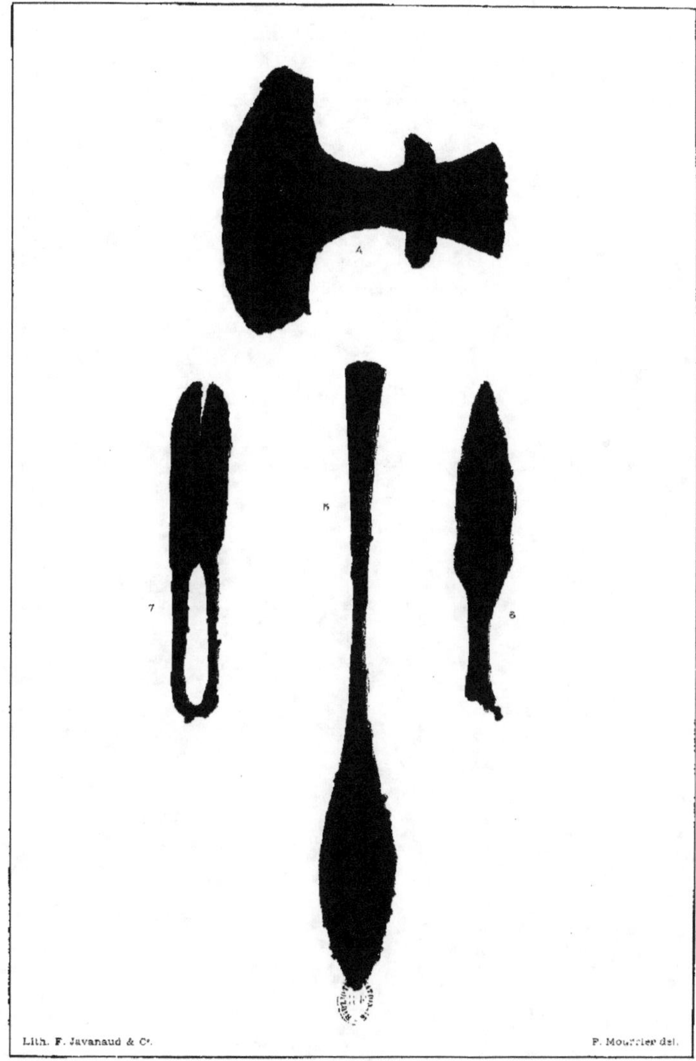

CIMETIÈRE D'HERPES

(Fouilles et Collection Ph. Delamain)

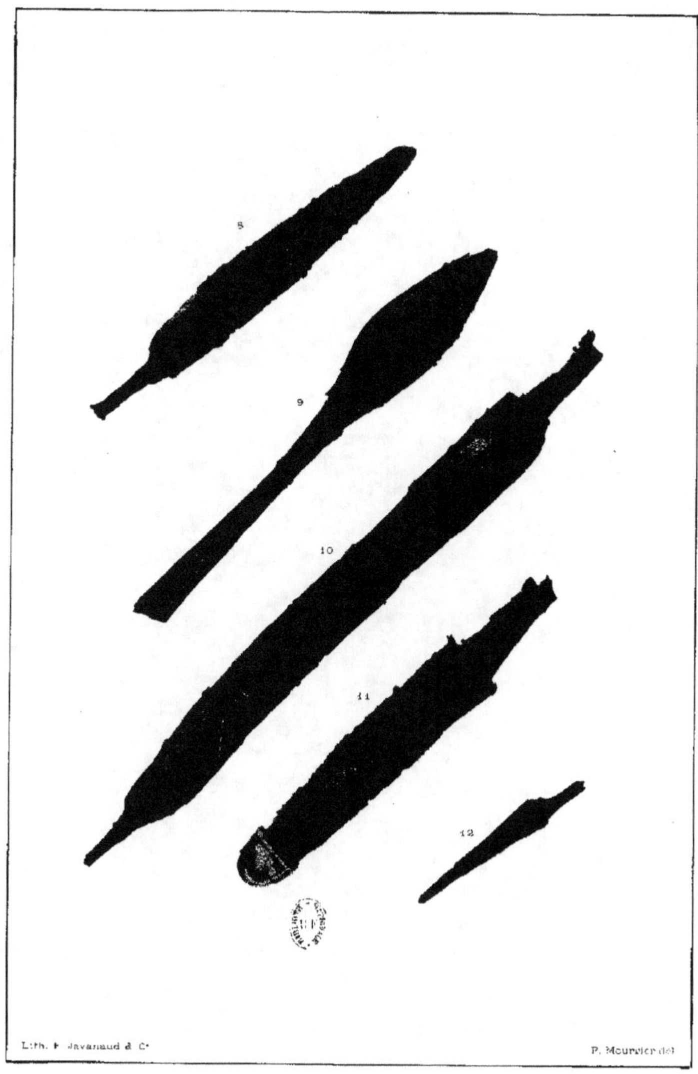

Lith. F. Javanaud & Cⁱᵉ   P. Mourrier del

CIMETIÉRE D'HERPES
(Fouilles et Collection Ph. Delamain)

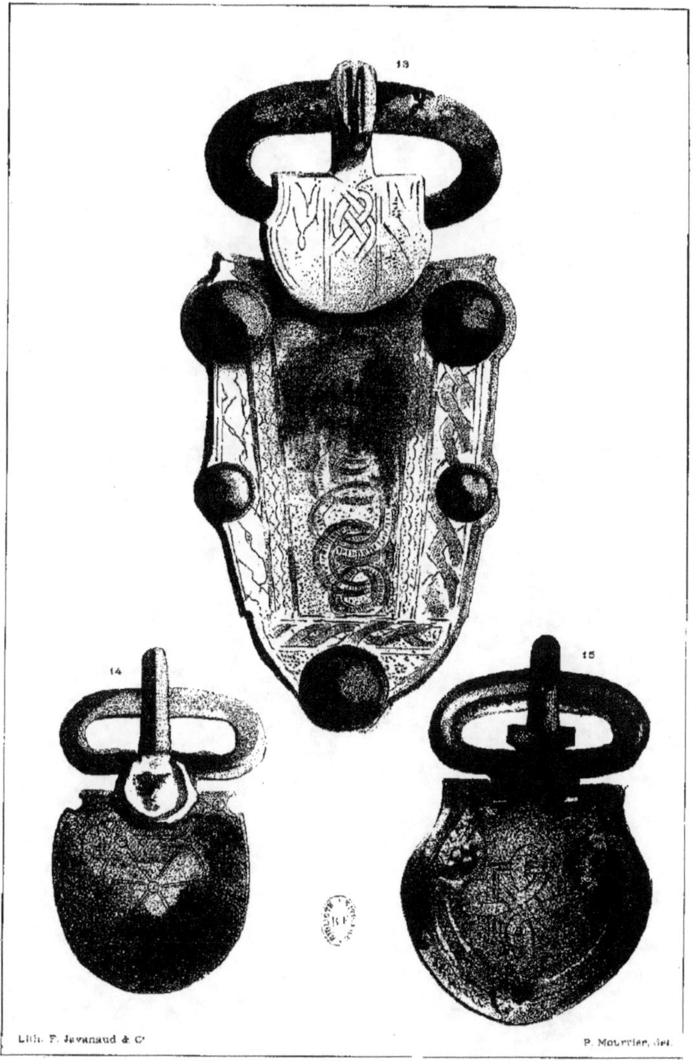

CIMETIÈRE D'HERPES

(Fouilles et Collection Ph. Delamain)

CIMETIÈRE D'HERPES

(Fouilles et Collection Ph. Delamain)

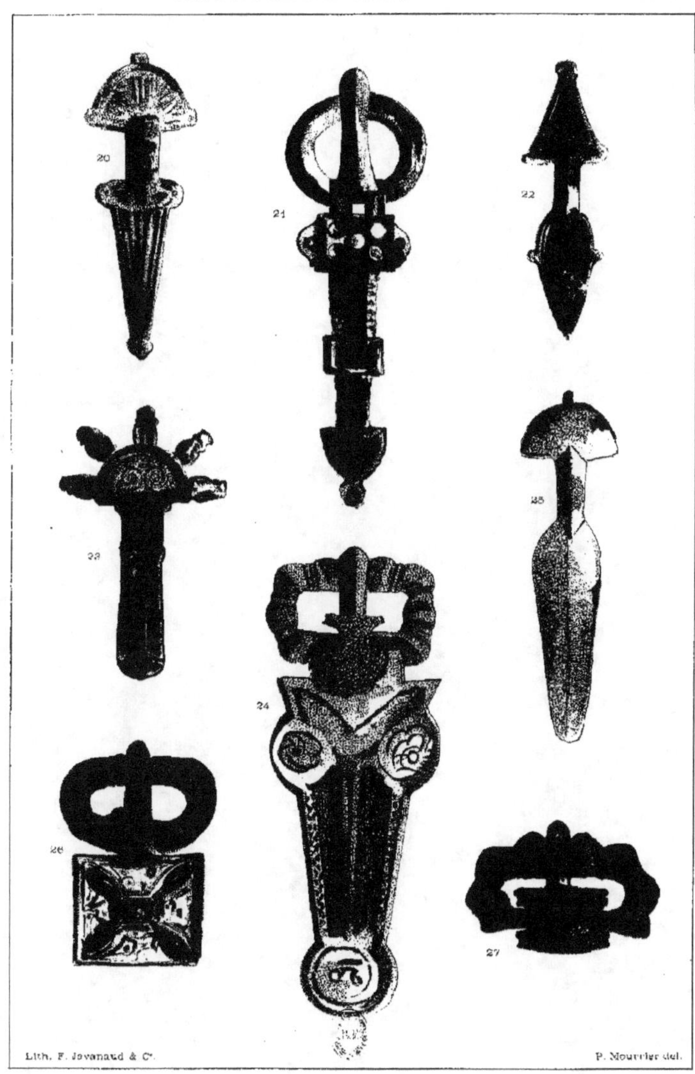

CIMETIÈRE D'HERPES

(Fouilles et Collection Ph. Delamain)

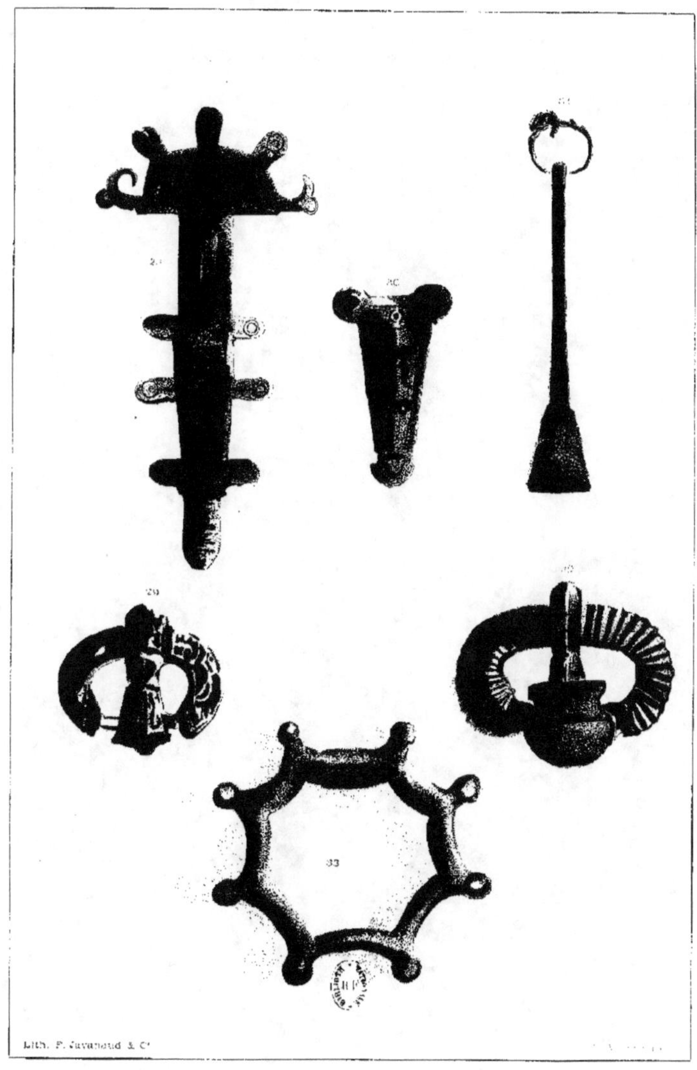

CIMETIÈRE D'HERPES

(Fouilles et collection Ph. Delamain)

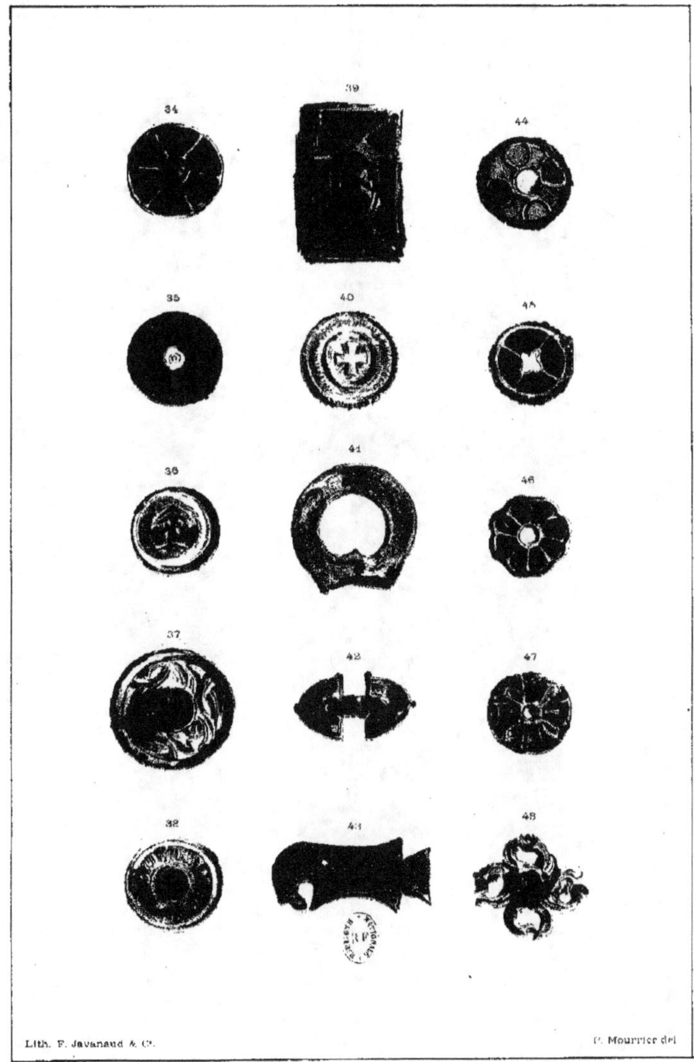

Lith. F. Javanaud & Cⁱᵉ.

P. Mourrier del.

CIMETIÈRE D'HERPES

(Fouilles et Collection Ph. Delamain)

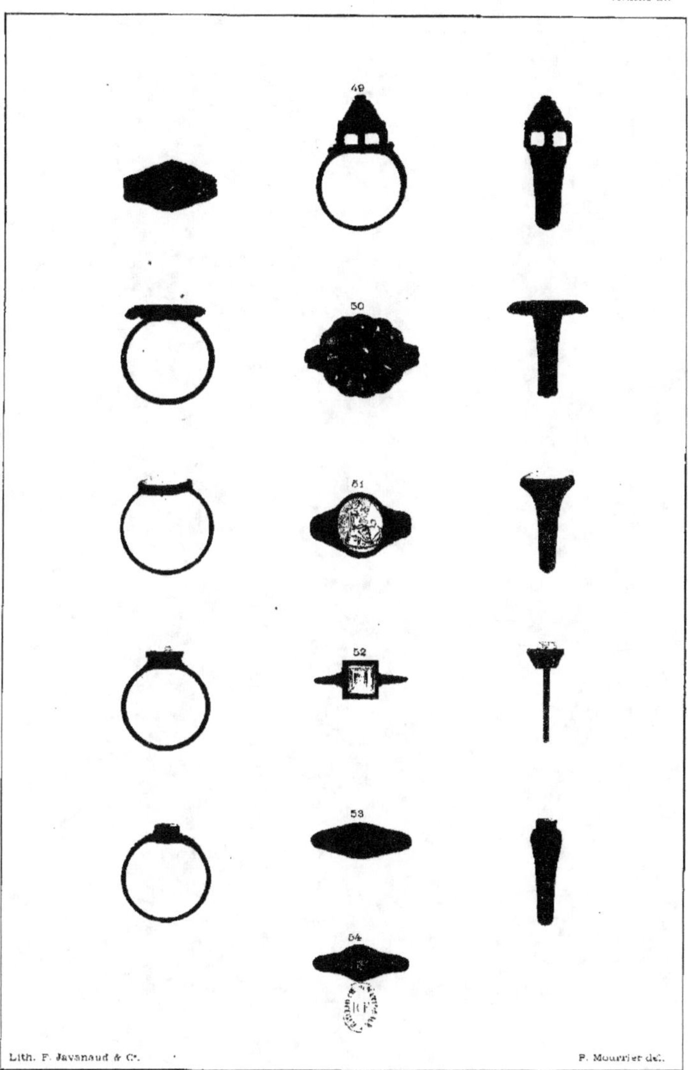

Lith. F. Javanaud & Cᵉ.   P. Mourrier del.

CIMETIÈRE D'HERPES

(Fouilles et Collection Ph. Delamain)

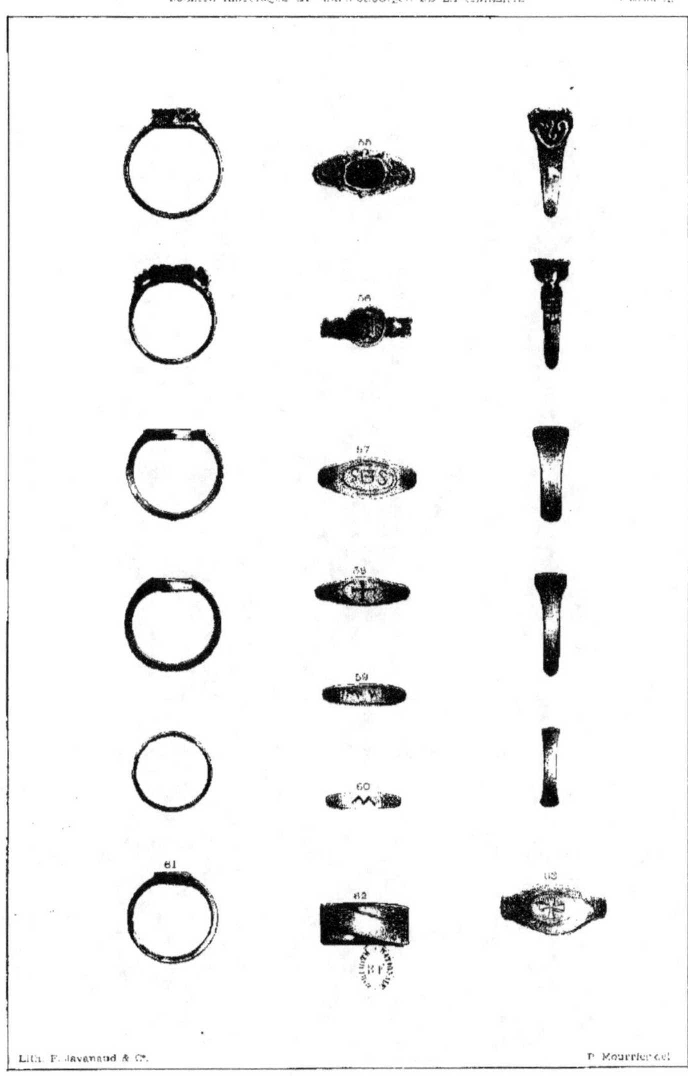

CIMETIÈRE D'HERPES

(Fouilles et Collection Ph. Delamain)

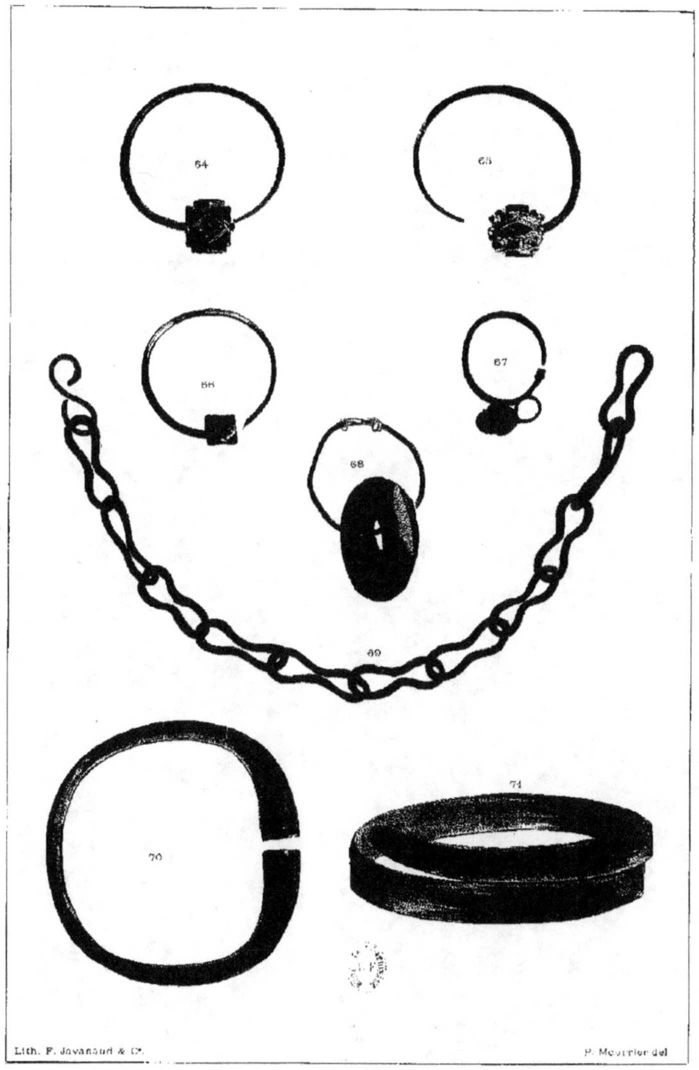

Lith. F. Javanaud & Cᵉ.

P. Mourrier del

CIMETIÈRE D'HERPES

(Fouilles et Collection Ph Delamain)

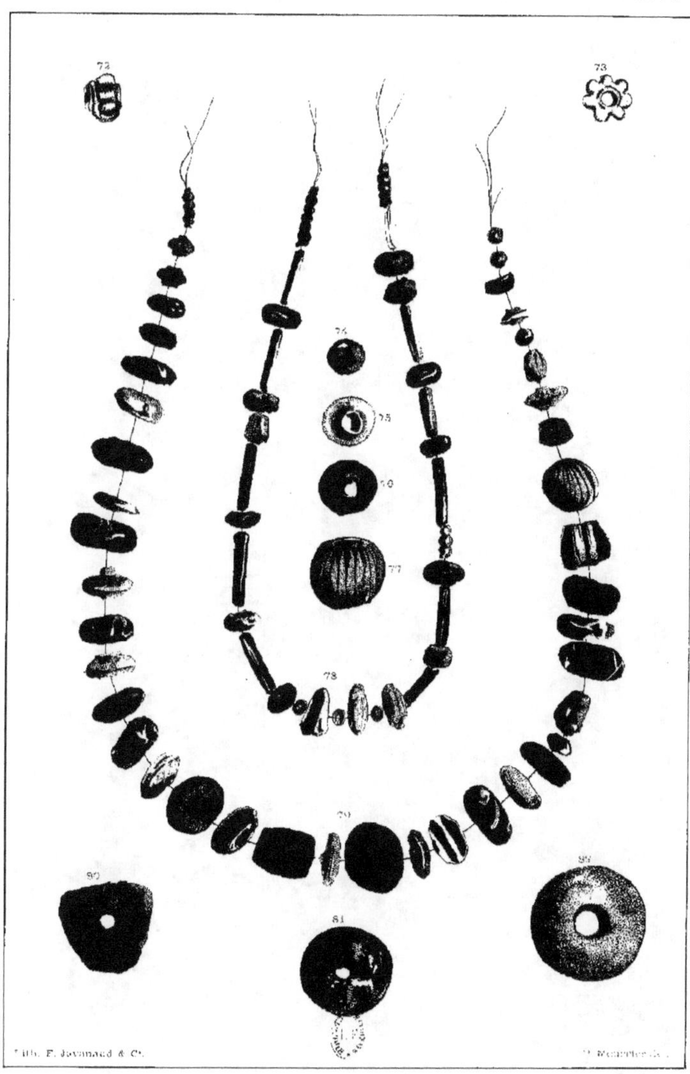

CIMETIÈRE D'HERPES

(Fouilles et Collection Ph. Delamain)

CIMETIÈRE D'HERPES

(Fouilles et Collection Ph. Delamain)

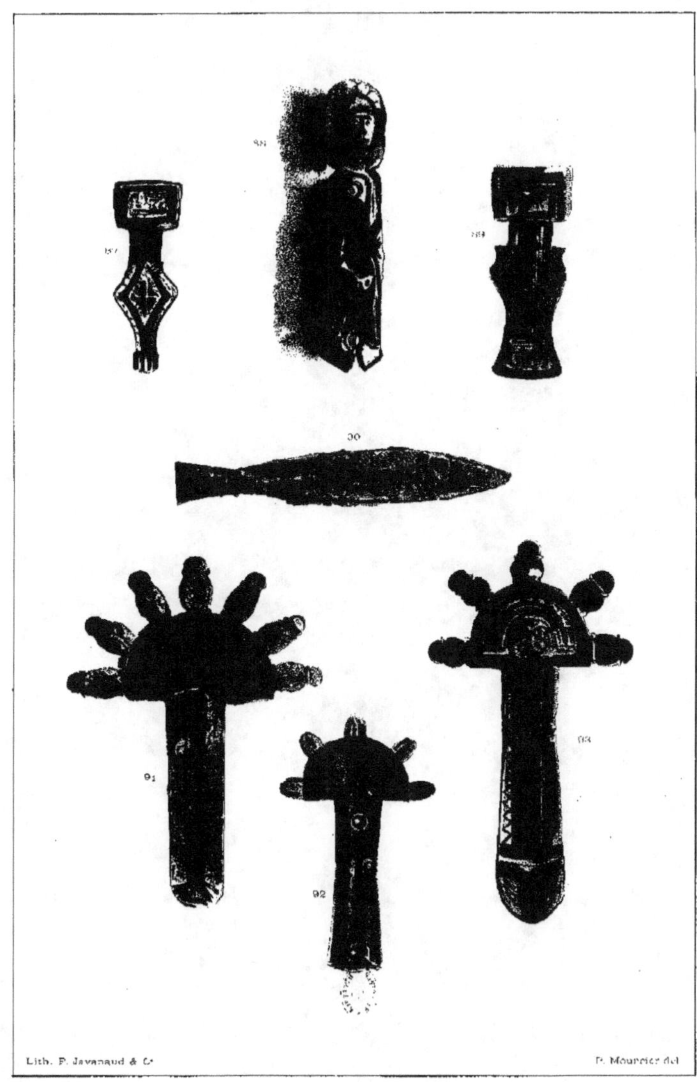

CIMETIÈRE D'HERPES

(Fouilles et Collection Ph. Delamain)

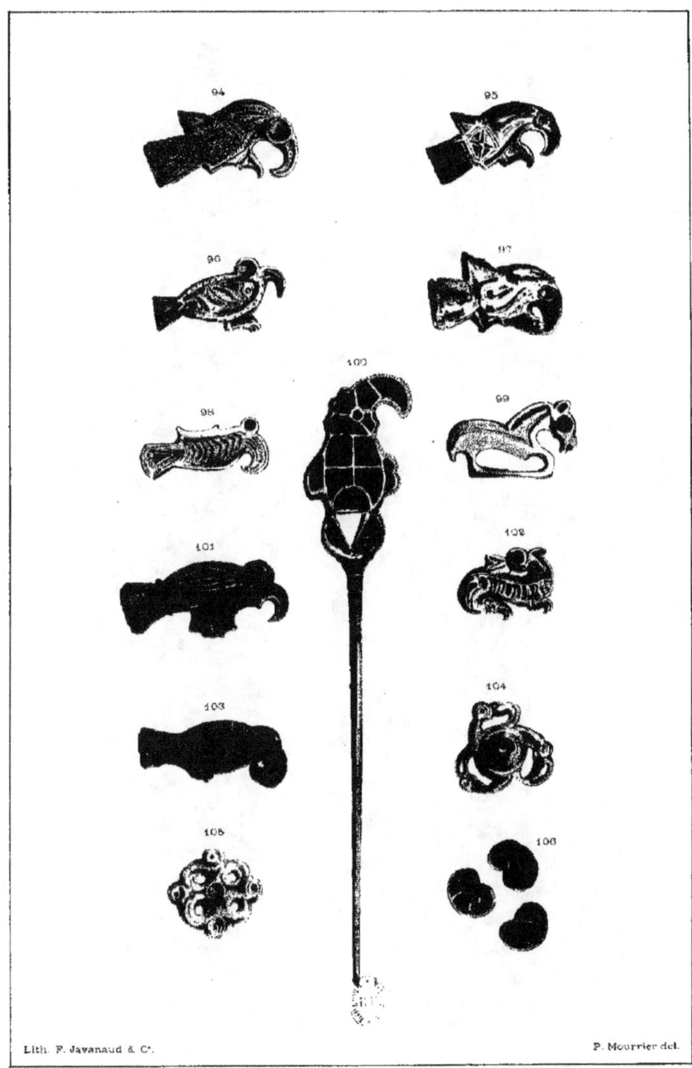

Lith. F. Javanaud & Cⁱᵉ.   P. Mourrier del.

CIMETIÈRE D'HERPES

(Fouilles et Collection Ph. Delamain)

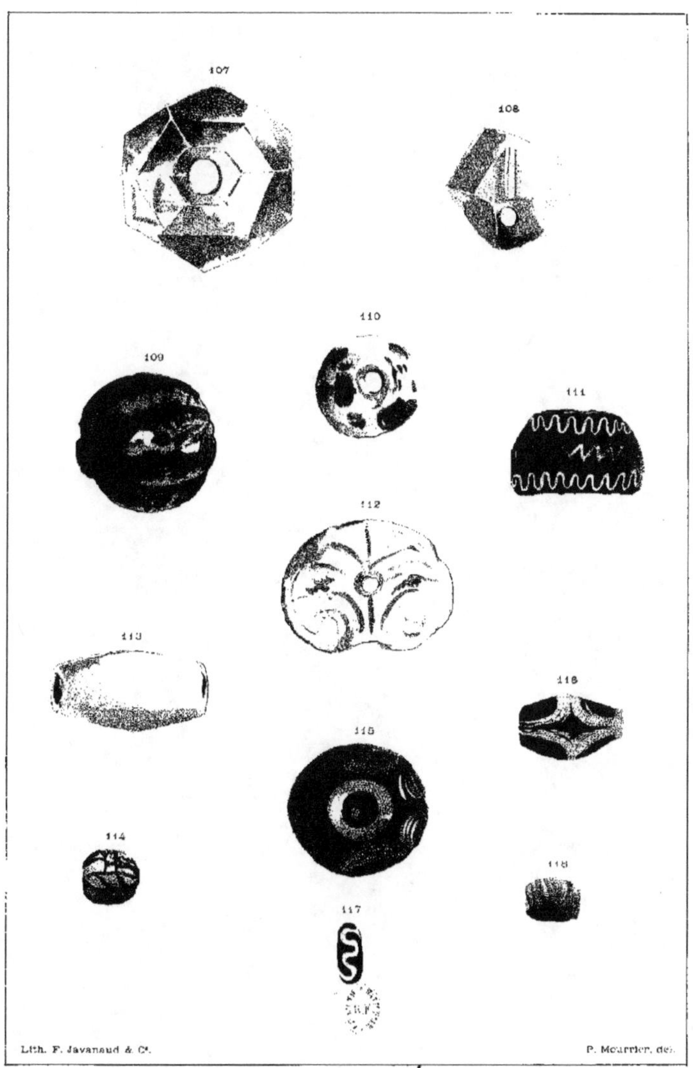

CIMETIÈRE D'HERPES

(Fouilles et Collection Ph. Delamain)

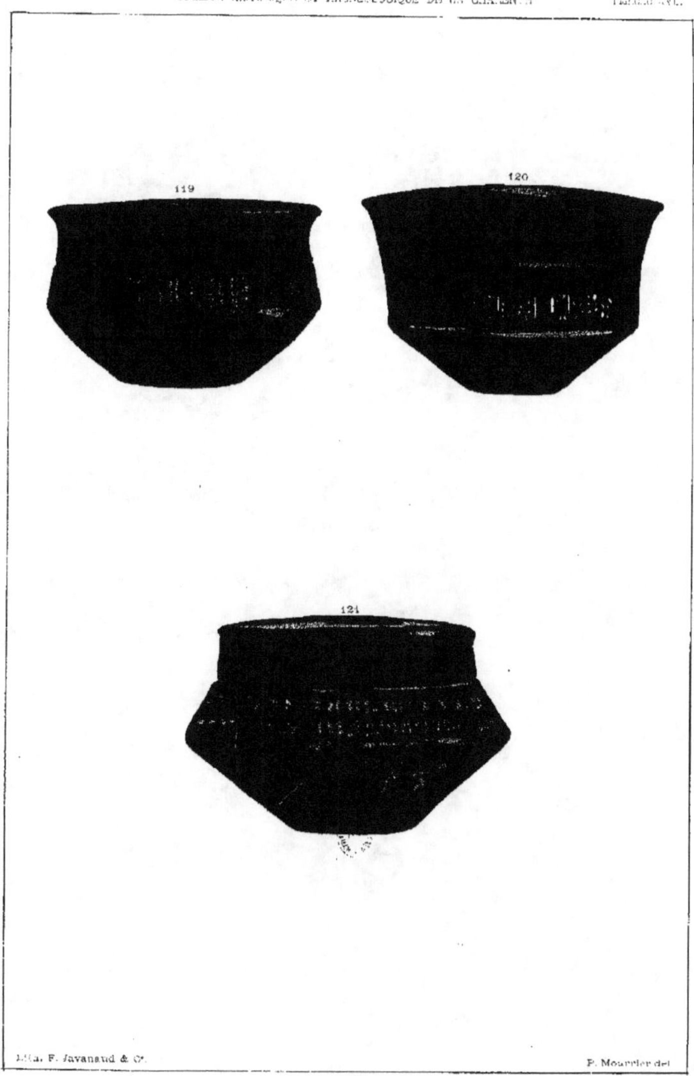

CIMETIÈRE D'HERPES

(Fouilles et Collection Ph. Delamain)

CIMETIÈRE D'HERPES

(Fouilles et Collection Ph. Delamain)

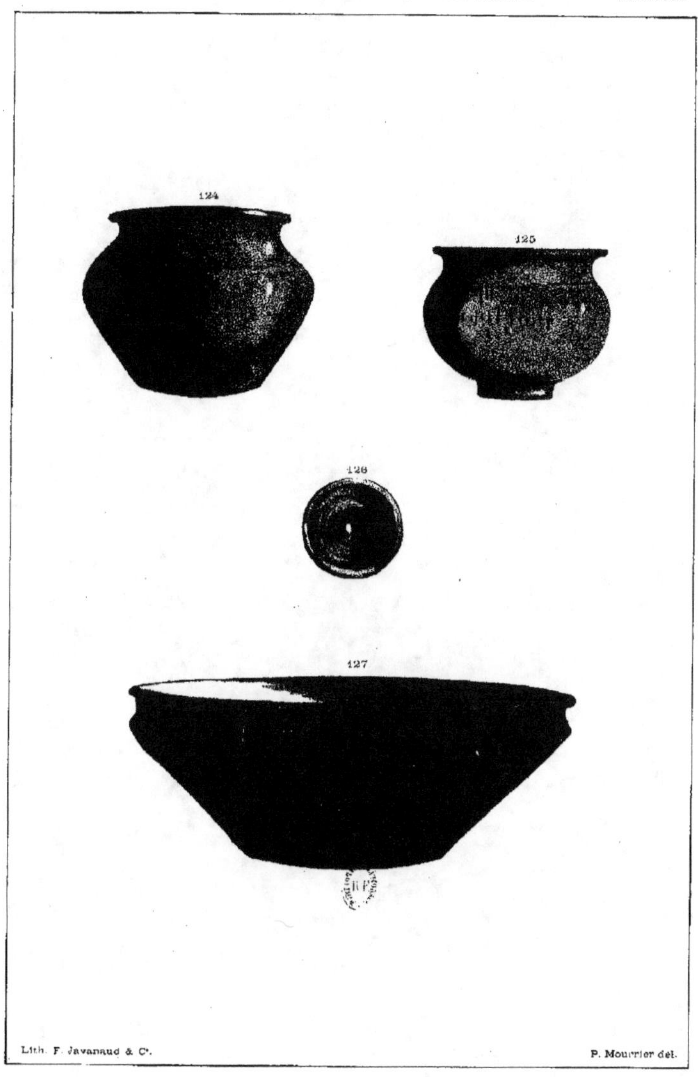

CIMETIÈRE D'HERPES

(Fouilles et Collection Ph. Delamain)

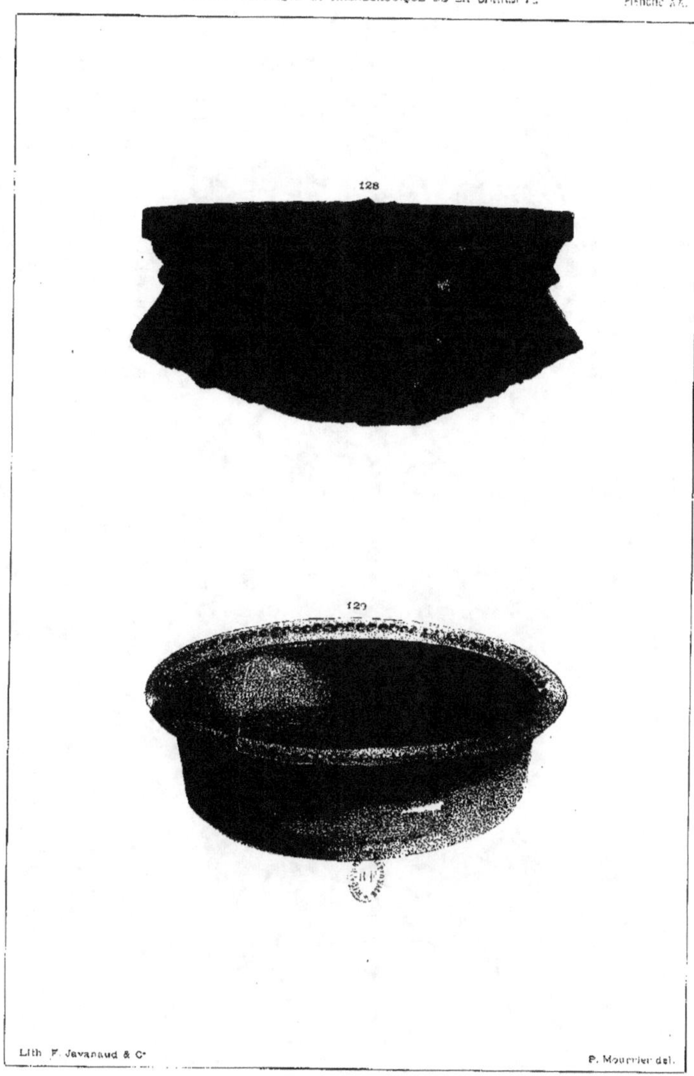

Lith. F. Javanaud & Cᵉ   P. Mourrier del.

CIMETIÈRE D'HERPES
(Fouilles et Collection Ph. Delamain)

130

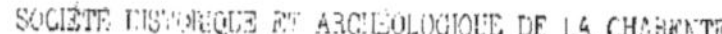

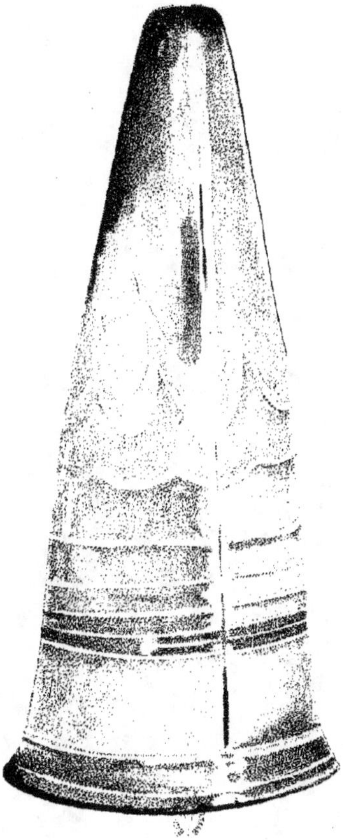

Lith. F. Javanaud & Cie. P. Mourrier del.

CIMETIÈRE D'HERPES

(Fouilles et Collection Ph. Delamain)

Lith. F. Javenaud & C⁰.   P. Mourrier del.

CIMETIÈRE D'HERPES

(Fouilles et Collection Ph Delamain)

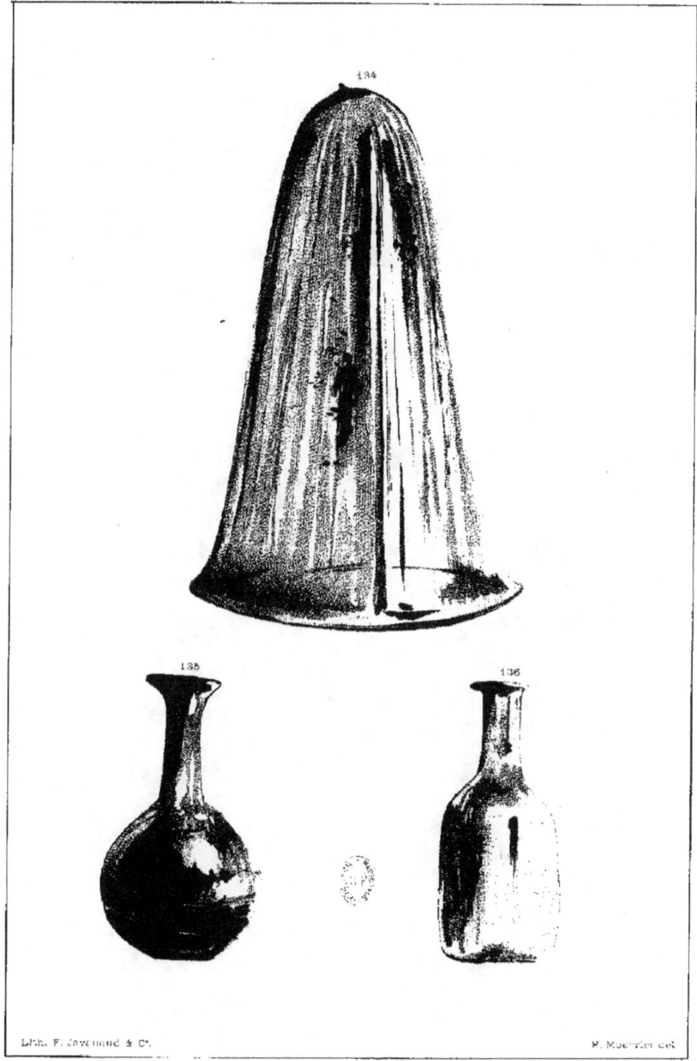

CIMETIÈRE D'HERPES

(Fouilles et Collection Ph. Delamain)

CIMETIÈRE D'HERPES
(Fouilles et Collection Ph. Delamain)

CIMETIÈRE D'HERPES

(Fouilles et Collection Ph. Delamain)

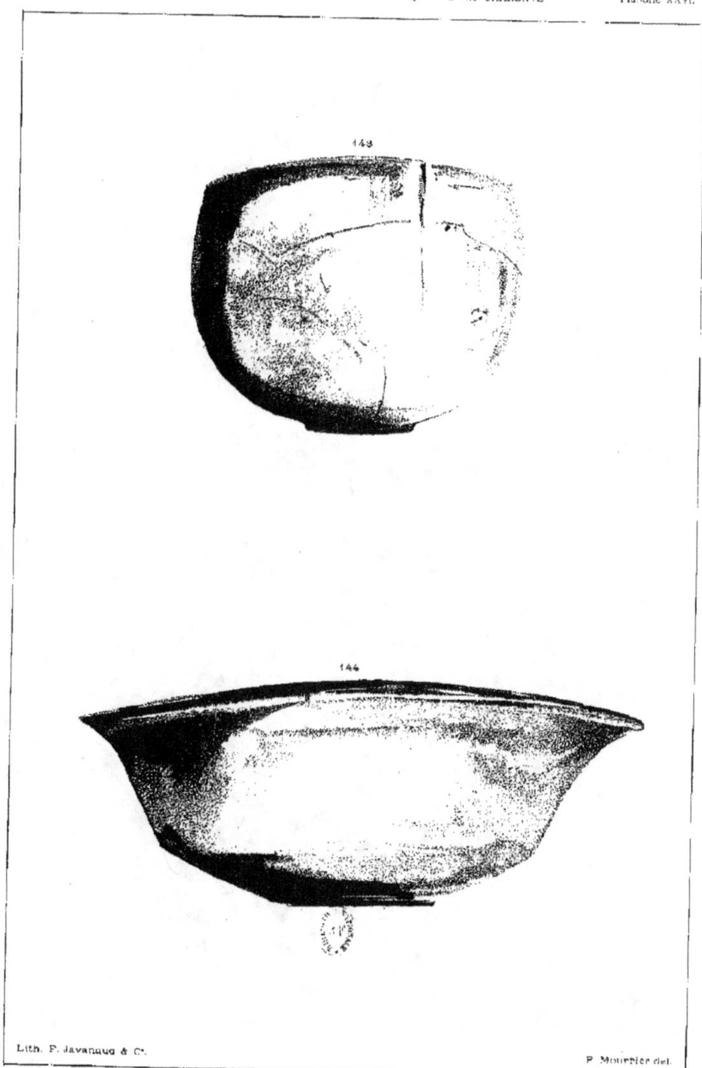

Lith. P. Javaud & Cⁱᵉ.   P. Mourrier del.

CIMETIÈRE D'HERPES
(Fouilles et Collection Ph. Delamain)